Für alle Genießer und Entdecker dieser Welt.

Für Dich.

Genieße den Nektar,
spüre den Puls.

Tanja & Christian Roos

Glücklich in

Berlin

Der Reiseführer für Genießer und Entdecker

Süddeutsche Zeitung Edition

Inhalt

 1. Willkommen

Herzlich willkommen in unserer Heimatstadt, unserem bunten Zuhause. In einer Stadt, in der man alles sein darf und die Freiheit besitzt, Neues zu gestalten. Eine Stadt, die inspiriert und manchmal schockiert, die sich stetig verändert und radikal wandelt. Wir freuen uns sehr, mit euch in diesem Reiseführer unsere Lieblingsorte zu teilen.

Hallo!
Schön, dass Du da bist.

Berlin ist eine Stadt mit unendlich vielen Kontrasten. Berlin ist die vibrierende Hauptstadt Deutschlands. Ein Ort der Gegensätze und mit einer reichen Geschichte. Eine Stadt mit einer unwiderstehlichen Anziehungskraft und mit der Stärke, sich immer wieder neu zu erfinden, unermüdlich und doch gemütlich, ein Auffangbecken für Menschen mit Ecken und Kanten. Jeden Tag eröffnen neue Top Restaurants, exzellente Cafés, überraschende Concept Stores, Start Ups und Kreativprojekte. Manche sagen, sie bietet das beste Nachtleben Europas - wenn gar der Welt. Im Gegensatz dazu gibt es wunderschöne Seen und satte Grünflächen, moderne Architektur, junge Kunst und imposante Museen. Berlin ist vieles. Das Beste daraus teilen wir hier.

Man wird auf seiner Reise nie alles sehen und machen können. Daher haben wir uns entschlossen, uns auf das Wesentliche zu fokussieren, die ungewöhnlichsten und schönsten Orte zu finden und hier auf diesen Seiten mit dir zu teilen. Zusätzlich befragen wir immer wieder inspirierende Locals zu ihren Lieblinstipps und lassen sie in unseren Reiseführern zu Wort kommen. Wir nennen sie *Local Soulmates*. Daraus entsteht eine spannende Mischung aus originellen und authentischen Orten, wo man die Seele baumeln lassen, den Moment genießen und das Glück in jeder Zelle spüren kann. Ob als Paar, als Familie, mit Freunden oder alleine - für jeden Bedarf gibt es die richtige Adresse. Ganz nach dem Motto: Das Leben ist eine Reise.

In diesem Sinne wünschen wir eine erfüllte Zeit.
Genieße den NEKTAR. Spüre den PULS. Diesmal in Berlin.

Herzlichst

Tanja & Christian

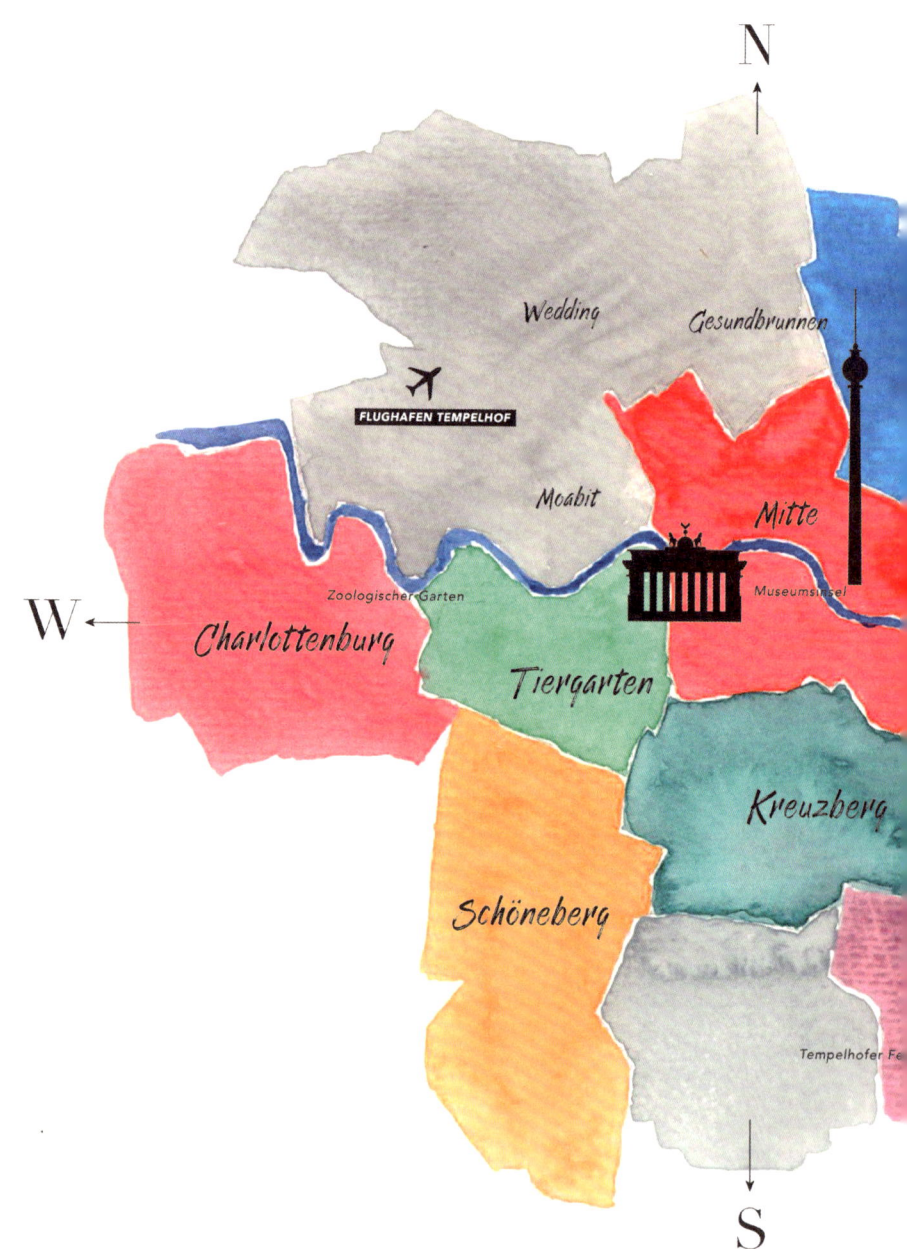

Berlin
Stadtteile

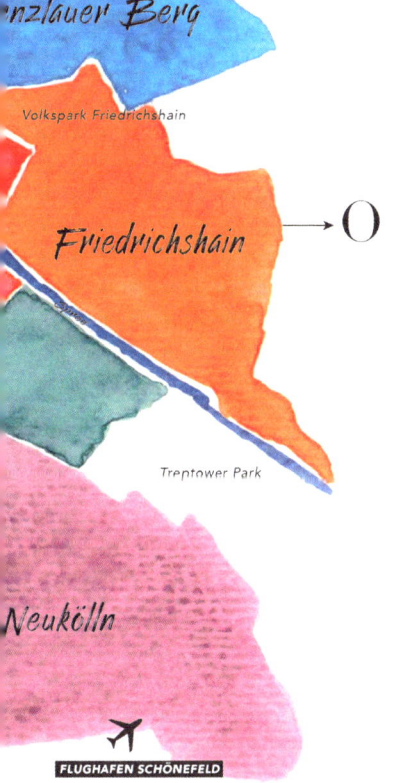

enzlauer Berg

Volkspark Friedrichshain

Friedrichshain ⟶ O

Treptower Park

Neukölln

FLUGHAFEN SCHÖNEFELD

Infos zum Guide:

> Im Buch findest du eine große Karte, in der alle Tipps mit Adressen eingezeichnet sind.

> Die einzelnen Kategorien und Viertel sind alle farbig markiert, so dass du dich stets schnell orientieren kannst.

> Die Tipps sind entweder nach Viertel oder nach Thema geordnet, so dass du sowohl als auch suchen kannst.

*Damit steht einer glücklichen Zeit in Berlin nichts mehr im Wege.
Schönes Entdecken!*

Es gibt nicht das typische Berlin. Die Stadt ist ein Universum aus verschiedenen Identitäten und Geschichten. Eine junge und kreative Stadt, die eine Metropole ist und sich doch nicht so anfühlt. Ein Ort, der Möglichkeiten eröffnet und viel Freiheit zum Leben und Gestalten lässt.

MITTE

Im Zentrum des Bezirks Mitte fokussiert sich die Geschichte und das moderne Leben der Haupstadt. Zwischen dem schönen Prenzlauer Berg im Norden und dem wilden Kreuzberg im Süden, dem grünen Tiergarten im Westen und Friedrichshain im Osten. Hier ist der Sitz zahlreicher Regierungseinrichtungen, der Museumsinsel und Sehenswürdigkeiten wie dem Alex und dem Brandenburger Tor. Was du hier bekommst: unzählige Boutiquen und Shops, hippe Restaurants und Bars (wo häufig auch oder nur Englisch gesprochen wird), Promis, Bootstouren, Theater, den Monbijoupark und die Spree.

PRENZLAUER BERG

Stilisiert mit vielen Klischees und doch oder gerade deshalb ein sehr lebenswerter Ort, mitten in der Großstadt. Er liegt zwischen Mitte und Mauerpark, teilweise entlang des ehemaligen Mauerverlaufs. Der Prenzl-Berg zeichnet viele Bilder über Prenzl-Schwaben, Gentrifizierung und Familienidyll und wurde auch zur Genüge kritisiert. Was die einen belächeln, ist für die anderen der schönste Ort, um das Leben zu genießen. Großzügige Altbauwohnungen, unzählige Spielplätze, Biomärkte, Eisdielen, exzellente Cafés, vegetarische Restaurants und der Mauerpark - sowie die Möglichkeit, die ehemalige Mauer eindrucksvoll zu spüren. In wenigen Jahrzehnten hat sich das Viertel vom DDR-Oppositionszentrum zum autonomen Szeneviertel bis hin zur Großstadtoase für Familien und Genießer gewandelt.

KREUZBERG

Kreuzberg ist revolutionär und wild. Jung, bunt, laut und kontrastreich. Damals wie heute. Kreuzberg ist eine internationale, multikulturelle Visitenkarte für Berlin. Kulinarisch wie kulturell, geschichtlich und gesellschaftlich. Mehr als 180 Nationen leben in Kreuzberg. Es ist der krasse Kontrast zum Prenzlauer Berg oder Charlottenburg. Als Zentrum für die Alternativbewegung und die Hausbesetzerszene in der Nachkriegszeit hat sich das Viertel diesen kantigen, revolutionären Charakter erhalten. Trotz Gentrifizierung, Hipster, Sterneküche und Szenebars ist die Seele Kreuzbergs stets präsent und macht es bei den unterschiedlichsten Leuten so beliebt.

NEUKÖLLN

Der Norden von Neukölln fühlt sich ähnlich an wie Kreuzberg. Daher wird auch gerne der Name Kreuzkölln verwendet. Je weiter man Richtung Süden geht, desto mehr rückt Kreuzberg und das hippe neue Berlin in die Ferne. Neukölln grenzt Richtung Osten an Treptow und den Plänterwald mit herrlichem Grün und weiten Blicken. Vor allem befindet sich dort eine alternative Kunstszene und man findet viele kulinarische Schätze: von orientalischen Bäckereien zu veganen Burritos und gehobener Küche. Manche sagen, hier entdeckt man noch das „echte" Berlin.

FRIEDRICHSHAIN

Hier ist die Geschichte der DDR hautnah zu erleben, wie zum Beispiel beim Frankfurter Tor am Ende der Karl-Marx-Allee, und die Mieten sind noch relativ niedrig. In Friedrichshain schlägt das Herz der hiesigen Partykultur mit der höchsten Clubdichte und auch das legendäre Berghain darf das Viertel sein Zuhause nennen.

CHARLOTTENBURG

Der Berliner Westen fühlt sich an wie eine eigene Stadt. Bürgerlich, gepflegt, gediegen und wohlhabend einerseits und international, aufgeklärt, künstlerisch und kultiviert andererseits. Alteingesessene West-Berliner Institutionen finden sich neben Galerien. Der Kurfürstendamm erstrahlt durch Eröffnungen wie dem Bikini Haus zu neuem Glanz und man spürt einen frischen Schwung im Westen. Vor allem der Savignyplatz und die Kantstraße laden zum Verweilen und Entdecken ein.

SCHÖNEBERG

Einst Szenetreffpunkt von Berlin, ist Schöneberg heute ein ruhigeres Wohnviertel, das sich im Norden jedoch neu erfindet. Hier erlebt der Bezirk eine Wiederbelebung mit dem tollen Concept Store von Andreas Murkudis und ausgezeichneten Restaurants wie dem Kin Dee. Auf dem ehemaligen Flughafen Tempelhofer Feld treffen sich Spaziergänger, Skater, Kiter und Radfahrer und genießen die Weite und Stimmung, die auf der großen Fläche herrscht.

TIERGARTEN

Das Viertel Tiergarten beinhaltet den wunderschönen gleichnamigen Park, die grüne Lunge Berlins, wie er auch wertschätzend genannt wird. Früher war es das Jagdrevier des Hochadels, mittlerweile ist es ein beliebter Treffpunkt für alle, die gerne spazieren, laufen, picknicken oder im Café am See relaxen wollen.

BERLIN IN ZAHLEN

12
Bezirke

E 13°24'47
N 52°31'18

HAUPTSTADT VON
DEUTSCHLAND

1990
WIEDERVEREINIGUNG

Berlin – eine Stadt voller Kontraste
und mit reicher Geschichte.

ANZAHL EINWOHNER
3.712.000

Gründungsjahr Berlin: 1237

„Berlin ist mehr ein Weltteil als eine Stadt."
Jean Paul

HÖCHSTE GEBÄUDE

1. ALEX: 368 METER
2. KAMIN VEB ELEKTROKOHLE
LICHTENBERG: 200 METER

E-Roller: 1800
= WELTWEIT 0,33%

Kaffeebecher
pro Stunde:
20.000

Partystadt

Geplantes
Eröffnungsdatum BER:
30.10.2011 ;)

DÖNER/
TAG
400.000

ANTEIL BERLINER
UNTERNEHMEN IM DAX
0%

"

DIT ZIEHT HIER
WIE HECHTSUPPE.

"

BERLINER SCHNAUZE:
SCHRIPPE, STULLE, LOOFEN,
KIEZ, FATZKE, ICKE

SEHENS-WÜRDIG

REICHSTAG
BRANDENBURGER TOR
FERNSEHTURM
GENDARMENMARKT
BERLINER DOM
KURFÜRSTENDAMM
SCHLOSS CHARLOTTENBURG
MUSEUMSINSEL
BERLINER MAUER
POTSDAMER PLATZ

Stadt der Veganer

MEHR MUSEEN ALS
REGENTAGE (180)

416.000 BÄUME
= GRÜNSTE STADT
EUROPAS!

50%

sind Single

„Ik gloob dit
kriegn wir och
beim Späti!"

1.000 SPÄTIS

„Säufste, stirbste, säufste
nich, stirbste ooch, also
säufste."

1100

Brücken

- - -

INTERNATIONALE
TOURISTEN / JAHR

2016:
12.731.640

1996:
3.272.888

Berlin
ICK
LIEBE
DIR

BUNDESWEIT AM
WENIGSTEN
ZUKUNFTSANGST

18 UMZÜGE PRO STUNDE VON EINEM KIEZ IN DEN ANDEREN

"

70 Millionen

Currywürste werden im Jahr
in Berlin verkauft.

"

„Die Schönheit der Dinge lebt in der Seele dessen, der sie betrachtet."

– David Hume

2. Glückliche 24 Stunden

Es braucht nicht viel für einen gelungenen Tag. Ein tolles Café, ein leckeres Essen, liebe Menschen, eine interessante Ausstellung, schöne Musik oder einen entspannten Spaziergang ... Die folgenden 24 Stunden sind unsere ganz persönlichen Vorlieben für einen glücklichen Tag in den unterschiedlichen bunten Vierteln Berlins. Tauche ein und lass dich treiben, genieße den Nektar und spüre den Puls. Viel Vergnügen und eine schöne Reise in „unser" Berlin ... Fast alle Tipps der 24 Stunden finden sich auch in den Rubriken und auf der Karte wieder.

Über glückliches Reisen

Warum eine Reise dein Leben verändern kann. Text: Tanja Roos

Reisen macht glücklich. Wenn man es zulässt. Reisen bietet die Möglichkeit, seinen Horizont zu erweitern, sich weiterzuentwickeln. Neue Kulturen, Geschmäcker und Sitten kennenzulernen. Raus aus seiner Komfortzone zu gehen und hinein ins Abenteuer. Erfahrungen zu machen, die man in der Form zu Hause nie machen könnte. Sich auch mal fremd zu fühlen, die Sprache nicht zu sprechen, sich zu verlaufen, um sich dann wiederzufinden. Man staunt über die Vielfältigkeit und unfassbare Schönheit unseres Planeten. Gleichzeitig ist man gelegentlich schockiert über fremde Verhaltensweisen. Man stößt auf Menschen mit anderen Sichtweisen und Bräuchen und lernt dadurch sich selber kennen. Auf Reisen läuft nie alles wie geplant. Man ist gezwungen, flexibel zu bleiben, in seinen Taten wie im Kopf. Reisen ist die beste Bildung, denn Reisen relativiert. Es inspiriert dazu, sein eigenes Leben und Gewohnheiten in Frage zu stellen oder gleich zu verändern. Wirklich glücklich zu sein mit dem, was man hat, ist der Schlüssel dafür das zu bekommen, was man möchte. Alles, was selbstverständlich für uns ist, gewinnt plötzlich wieder an Wert. Man wird dankbarer und sich dessen bewusst. Man kann einfach mal sein und das Hier und Jetzt genießen. Reisen wirkt langfristig. Die Erinnerungen, die du machst, kannst du immer wieder abrufen und dich an ihnen erfreuen. Sie werden dich auch immer mit den Menschen verbinden, mit denen du sie gemacht hast. Gemeinsam zu reisen verbindet ein Leben lang und macht die Beziehung einzigartig und oft auch stärker. Wenn man einen Jugendlichen fragt, was die schönsten Erinnerungen der Kindheit sind, nennen viele die Reisen, die sie irgendwann mit ihren Eltern gemacht haben. Nie werde ich unsere vielen Schwedenreisen, die ich als Kind gemacht habe, vergessen. Jeden Sommer sind wir mit dem Bus von Österreich nach Schweden gefahren, um meine Großeltern zu besuchen. Noch heute sind mir die winzigen Details, Gerüche und das besondere Gefühl präsent. Meine Eltern sind beide relativ früh gestorben und diese Reisen behalte ich wie einen Schatz in mir. Nie werde ich vergessen, wie ich mit 16 Jahren das erste Mal in New York war. Diese Größe, Vielfältigkeit und Schnelligkeit. Begeisterung pur. Ich hatte Gänsehaut und war zutiefst fasziniert. Es hat mich definitiv dazu angespornt groß zu spielen, mehr in Möglichkeiten als in Begrenzungen zu denken. Das erste Mal in London. Das erste Mal in Japan. Das erste Mal in Berlin. Das erste Mal in Marrakesch, in Istanbul und dem

"Obwohl wir die Welt bereisen, um das Schöne zu finden, müssen wir diese doch mit uns tragen, sonst finden wir sie nicht." – Ralph Waldo Emerson

Oman. Das erste Mal in Hong Kong. Das erste Mal auf den Malediven und auf Island. Diese Reisen prägen wer man ist und setzen den Rahmen, für wer man sein möchte. Es ist die beste Möglichkeit, neue Perspektiven zu gewinnen. Das Universum in seiner Ganzheit zu spüren. Verbunden zu sein. Diese Reiselust und die damit verbundene Weltoffenheit wollten wir auch unseren Kindern vermitteln und sind mit ihnen auf Weltreise gegangen. Sie werden sich an einiges davon nicht erinnern, und doch werden sie das Gefühl der Reise nicht vergessen. Wie es war als Familie im Camper unter den Sternen zu schlafen, im Zelt am Strand, zu Wandern im Dschungel, Duschen im Wasserfall, wie es war, selber einen Fisch zu fangen, Muscheln zu sammeln und zu kochen, einem Koala in freier Wildbahn zu begegnen und ihm für Minuten in die Augen zu schauen, mit Kängurus zu spielen, Mangos frisch vom Baum essen oder zu viert auf einem Roller über die Insel zu cruisen. Eine Weltreise zu machen ist, wie sich einmal aus seinem Leben raus-zu-zoomen und es von ganz weit weg zu betrachten. Geografisch wie metaphorisch. Andere Lebenskonzepte, Menschen und Kulturen kennenzulernen. Zu reflektieren, wie man sein Leben gestalten will. Mit was man glücklich ist und was man verändern möchte. Die Welt wird gleichzeitig kleiner und größer. Man lernt sich, seinen Partner und seine Kinder nochmal ganz neu kennen. Als Reisende, als Abenteurer und in Grenzsituationen. Wir lieben es, unsere Kinder dabei zu beobachten, wie sie über sich hinauswachsen. Und wir mit ihnen. Dinge, die ihnen zuvor Angst gemacht haben, heißen sie nun willkommen. Mit Kindern spielen, die nicht ihre Sprache sprechen. Fremde Tiere kennenlernen. Neues Essen probieren. Sich einlassen, weiterentwickeln und immer mutiger werden. Am Ende ist es egal, wie lange man verreist. Ob eine Weltreise oder ein kurzer Stadttrip. Ob in seinem Zuhause, in Europa oder ans andere Ende der Welt. Reisen kann immer verändern, inspirieren und das Leben verschönern. Es sind dabei häufig die großen kleinen Momente, die so eine Reise besonders machen: bewusst langsamer leben, mit Offenheit Neues erkunden, tollen Menschen begegnen, 24 glückliche Stunden mit seinen Liebsten und unseren Vorschlägen erleben. Einiges auslassen, nur um Weniges in seiner Gänze zu genießen. Reisen hat die Macht, das Leben nachhaltig zu transformieren. In welcher Tiefe und Form bestimmt der Reisende. Reisen kann glücklich machen. Wenn man es sein will.

Glückliche 24h in

• Mitte

• Prenzlauer Berg

• Kreuzberg

• Charlottenburg

Glückliche 24h in Mitte

14.00 Uhr

Zeit für BÜCHER Schmökern: Im *Soda* oder *Ocelot* und danach chillen wir mit einem Eis vom *Cuore di Vetro* im Weinbergspark.

13.00 Uhr

MITTAG: Leckeres Essen in Mitte gibt es in der *Chipperfield Kantine*, *Lebensmittel in Mitte*, im *Mogg*, *Yarok*, *Ryong* oder *Mädchenitaliener*.

11.00 Uhr

SHOPPEN: Wir spazieren durch die *Mulackstraße* und *Auguststraße*. Zum *Garments* und später geht es zum *The Store* im Soho House, *Schwarzen Reiter* und *Soto* in der Torstraße. Vorbei an den *Hackeschen Höfen* und genießen einen Kaffee im *Ben Rahim*.

09.30 Uhr

FRÜHSTÜCK: Den Tag beginnen wir mit Zeitunglesen und leckerem Kaffee im *19 grams*, *Fechtner* oder *Distrikt Café*.

15.00 Uhr

KUNST: Wir machen einen Spaziergang zur *Museumsinsel* und weiter durch den *Monbijou Park*. Dort wagen wir ein kleines Tänzchen im *Monbijou Theater*.

18.00 Uhr

DRINK: Wir nehmen auf der Dachterrasse vom *Amano Hotel* oder *Dachterrasse Hotel de Rome* einen leckeren Drink und genießen die Aussicht über unsere schöne Heimatstadt.

20.00 Uhr

DINNER: Zum Abendessen geht es ins *Bandol sur mer* oder *Cookies Cream*.

22.00 Uhr

DRINKS: Mehr Drinks gibt es im *Buck & Breck* oder der *Bar Milano*.

24.00 Uhr

TANZEN: In *Clärchens Ballhaus* tanzen wir eine Runde und danach machen wir einen kleinen Abstecher in den *KitKat Club*.

04.00 U

Nachtsnack im *La Pausa*.

05.00 Uhr

Heimtanzen ins Bett der schönen *Gorki Apartments* oder *Minilofts*.

Aufwachen im Miniloft.
Da kann ein Tag nur gut starten.

„*Glücklichsein ist eine Wahl, die man immer wieder neu trifft.*"

– Stephan & Maria Craemer

Glückliche 24h in Prenzlauer Berg

12.30 Uhr

EIN MUSS: Brot & Süßes kaufen im *Manufacture Délicate*. Die Nussschnecken sind sehr lecker.

12.00 Uhr

BEWEGUNG: Durch den *Mauerpark* schlendern (ein Smoothie von der *Juicery*), am *Falkplatz* faulenzen, zum *Arkonaplatz* oder *Teutoburger Spielplatz* gehen, alternativ zum *Volkspark Friedrichshain* oder *Volkspark Prenzlauer Berg* bzw. zum *Kollwitzmarkt* (samstags), …

10.30 Uhr

FRÜHSTÜCK: Wir frühstücken am liebsten im *Krone*, *Betty'n Caty*, *Suicide Sue* oder *Allans Breakfast Club*. Danach genießen wir den Ausblick über die Stadt von der *Zionskirche* (sonntags).

08.30 Uhr

AUSGESCHLAFEN AUFWACHEN im *Hotel Ackselhaus*. Danach Yoga im *Jivamukti Studio* oder eine Runde Indoor Cyling im *Becycle* oder alternativ mit den Kids laufen und trainieren am *Spielplatz im Weinbergspark*.

13.00 Uhr
Kleines Mittagsschläfchen ...

14.00 Uhr
MITTAG: Wir essen im *Marubi*, *Takumi 9*, *Sasaya*, *Habba Habba*, *Häppies* oder *Umami* ...

15.00 Uhr
Leckeres EIS gibt es im *Hokey Pokey* oder *PAR Creamery*. Mhhhhhh ...

15.30 Uhr
HELMI: Über den *Helmholzplatz* schlendern mit Abstecher ins *Nandi*.

16.00 Uhr
Durch die *Choriner Straße* zum Kaffee trinken ins *Lass uns Freunde bleiben* und vorbei bei *Onkel Philipp's Spielzeugwerkstatt*. Danach noch die *Sredzkistraße* entlang.

21.00 Uhr
ABENDS: Wir gehen gerne ins *Theater unterm Dach*, *Ballhaus Ost* oder ins *Lichtblick Kino*.

19.00 Uhr
DINNER: Wir empfehlen *Der Hahn ist tot!*, *Pappa e Ciccia*, *Standard Pizza*, *D.O.* oder *Les Valseuses* für einen schönen kulinarischen Abend.

22.00 Uhr
DRINKS: Im *Baden in Wein*, *Immertreu* oder in der *Bryk Bar*.

23.00 Uhr
Heimschlendern ins Bett, damit wir am nächsten Tag früh zum See fahren können.

Eine Runde joggen im Abendlicht
entlang der Spree ist immer traumhaft.

„Berlin war so herrlich lebendig, so geladen mit einer seltsamen Elektrizität.“

– Vicky Baum

„Im Augenblick
haben wir alle Zeit
der Welt."

– Michael Richter

Glückliche 24h in Kreuzberg

12.30 Uhr

Für die Hungrigen gibt es hier entweder eine Steinofenpizza von *Ammazza che Pizza* oder Sushi bei *Musashi*. Alternativ nehmen wir uns ein Taxi zur *Markthalle 9* und machen Lunch bei *Big Stuff*.

11.00 Uhr

Die Sonne scheint, also holen wir uns einen Kaffee im *Okay Café*, spazieren das *Maybachufer* entlang und bummeln über den *Türkischen Markt* am Samstag oder spielen eine Runde Boule am *Landwehrkanal*.

10.00 Uhr

Kreuzberger Nächte sind lang, also starten wir spät mit einem Frühstückserlebnis bei *Maison Han* – vietnamesisches Frühstück. Oder konventioneller und sehr lecker im *Le Bon*.

09.30 Uhr

AUFWACHEN: in einem der tollen Apartments von *Suite. 030* schläft es sich besonders gut.

14.30 Uhr

Es geht weiter zum *Kunstraum Bethanien*, einem Stop im *Voo Store* und einem anschließenden Kaffee bei den *Bonanza Coffee Roasters*.

16.00 Uhr

Wir schauen uns noch etwas auf der *Oranienstraße* um und fahren weiter Richtung *Berlinische Galerien*, *Jüdischem Museum* und der *Galerie König*.

18.30 Uhr

Wir machen eine ausgedehnte Pause im *Halleschen Haus* und kaufen ein Geschenk für Freunde.

16.15 Uhr

Ein bisschen Küssen nicht vergessen.

19.30 Uhr

Für ein besonderes Dinner gehen wir ins *Nobelhart & Schmutzig*. Ansonsten ins *Cocolo Ramen* oder *Lode & Stijn*. Wenn wir uns noch mit Freunden treffen, dann besser ins *FES BBQ*, wo es etwas lauter zugeht und man alles teilen kann.

22.00 Uhr

Nun geht's noch in eine Bar, entweder ins *Ora*, *Victoria Bar* oder *Geist im Glas*.

00.00 Uhr

Langsam ziehen wir weiter in die Clubs, entweder ins *Prince Charles* oder zum *Club der Visionäre*.

04.00 Uhr

Erfüllt und müde fallen wir in unser Bett in der *Dessauer 7*, einem Apartment von *Suite. 030* oder gehen in unser Hotelzimmer im *Michelberger Hotel*.

Das größte Glück besteht oft darin, seinem Gegenüber die volle Aufmerksamkeit zu schenken.

„Also lass uns doch Geschichten schreiben,
die wir später gern erzählen.
Lass uns nachts lange wach bleiben,
auf's höchste Hausdach der Stadt steigen,
lachend und vom Takt frei die allertollsten
Lieder singen.
Lass uns Feste wie Konfetti schmeißen,
sehen, wie sie zu Boden reisen
und die gefallenen Feste feiern,
bis die Wolken wieder lila sind.
Und lass mal an uns selber glauben,
ist mir egal, ob das verrückt ist,
und wer genau guckt, sieht,
dass Mut auch bloß ein Anagramm von
Glück ist. Und – wer immer wir auch waren
– lass mal werden, wer wir sein wollen. Wir
haben schon viel zu lang gewartet, lass mal
Dopamin vergeuden."

– Julia Engelmann
(aus dem Buch „Eines Tages, Baby")*

Glückliche 24h in Charlottenburg

14.00 Uhr

Zum Lunch gehen wir in die *Kantstraße* zum *Saigon Green*, *Lon Men's Noodle House* oder ins *Kuchi Kant*. Wer gerade Appetit auf „echt Berlin" hat, dem sei der *Diener Tattersall* empfohlen: Bulette mit Kartoffelsalat und Pils.

12.30 Uhr

Gratis Lunchkonzert in der *Philharmonie*.

11.30 Uhr

Eine Fotografieausstellung im *C/O Berlin* ansehen oder in die *Helmut Newton Stiftung* gehen. Auch das *Bauhaus Archiv* ist immer einen Besuch wert.

10.30 Uhr

FRÜHSTÜCK: Im *Café Literaturhaus*, lange Zeitunglesen im Garten und einen weiteren Kaffee bestellen. Alternativ geht es in A *Never Ending Love Story* für ein Frühstück mit Pancakes.

09.30 Uhr

AUFWACHEN: In der *Pension Funk*, *25 hours Hotel* mit Blick über den Zoo oder *The Stue*.

16.30 Uhr

Kaffee und Kuchen gibt es auf japanisch in *Kames Bakery* oder eher klassisch im ausgezeichneten *Maitre Munch*. Wen es eher zum Shoppen ins *KaDeWe* zieht, der sollte auf jeden Fall einen Stop im *The Barn* im *Café Kranzler* machen.

18.00 Uhr

Wer im *Hotel am Steinplatz* ist, dem sei hier eine Runde Wellness im Spa-Bereich über den Dächern gegönnt, andernfalls vielleicht bei herrlichem Ausblick im *25hours Bikini Berlin* in der Sauna ausruhen.

18.00 Uhr

Schöne Auszeit: Eine Runde joggen durch den *Tiergarten* und im *Café am neuen See* etwas trinken.

20.00 Uhr

Am liebsten mit Freunden zum Dinner in der *Paris Bar* oder im *893 Ryotei* treffen oder etwas weiter Richtung Tiergarten im *Kin Dee* lecker Thai essen gehen.

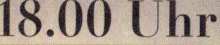

23.30 Uhr

Eng umschlungen durch *Charlottenburg* nach Hause spazieren und den Tag Revue passieren lassen.

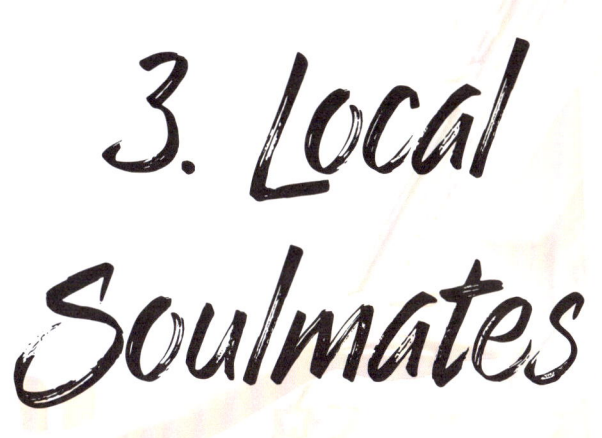

3. Local Soulmates

Eine Destination wird vor allem durch ihre Menschen zu dem, was sie ist. Wir haben hier jene portraitiert, die ihre Heimat ausgezeichnet kennen und großzügig mit dir ihre Lieblingsorte teilen. Sie kommen aus den unterschiedlichsten Bereichen: Kulinariker, Genießer, Musiker, Designer, Ladeninhaber, Architekten, Filmemacher, Autoren, Hoteliers, Blogger, Lebenskünstler, Kreative, Familien ... Hier erfährst du, was ihre Heimat in ihren Augen so besonders macht. Tauche ein in die Welt von inspirierten Menschen, die ihre Stadt und das Leben lieben. Mache eine kleine Reise in das Leben von Berlinern.

Billy Wagner

SOMMELIER UND WIRT IM NOBELHART & SCHMUTZIG
nobelhartundschmutzig.com · @nobelhartundschmutzig

Warum führst du ein Restaurant?

Ich hoffe, die Menschen können erleben, wie schön Essen sein kann. Ich wollte immer schon ein Speiselokal haben, in dem ich ausgezeichnet essen kann und Zugang zu guten regionalen Produkten habe. Es ist teilweise schwierig, an diese Produkte ranzukommen, deshalb teilen wir diese Orte auch gerne mit anderen Menschen.

Was ist deine Mission?

Ich sehe uns als Visitenkarte für Berlin. Menschen aus aller Herren Länder kommen nach Berlin, haben eine Meinung zu deutschem Essen, weil sie das in ihrem Reiseführer gelesen haben – und dann kommen sie ins Nobelhart & Schmutzig und bekommen etwas ganz anderes serviert. Wir zeigen, dass es eine Küche gibt, die sich komplett auf lokale Produkte beschränkt und auf einfache Weise die natürlichen Geschmäcker unterstreicht. Man schmeckt, was man sieht. Wir haben aktuell ein Erdbeer-Sorbet auf der Karte mit einer absoluten Präzision. Ganz klar. Nichts drumherum. Unaufgeregt. Das könnte eigentlich jeder selbst machen. Weil es sehr einfach in seiner Art ist. Es schmeckt eben wunderbar eindeutig nach Erdbeere ohne Ablenkung.

Und das ist eine Küche, die man selten findet. Viele machen zu viel. Die subjektive Wahrheit ist völlig anders als die Wirklichkeit, wie es in der jeweiligen Region gelebt wird. Daran arbeiten wir. Du fliegst nach Sizilien und hast im Kopf, wie es dort schmeckt. Und für Berlin müssen wir das auch haben. Das ist die Aufgabe unseres Reataurants.

Deine persönlichen Tipps für Berlin?

Restaurants: Ernst im Wedding, Horvath mit Sebastian Frank, einsunternull.
Etwas außerhalb: Erdhof Seewalde, Forsthof Strelitz, Restaurant Alte Schule in Reichenwalde.

Märkte: Karl-August-Platz am Samstag, Wilmersdorfer Wochenmarkt am Donnerstag, Hansaplatz am Mittwoch. Und die Markthalle 9.

Frischer Fisch: Müritzfischer, Fischer Hiddensee, Martin Bötcher vom Stechlinsee.

Wein: Viniculture von Holger Schwarz, Hammers von Jürgen Hammer, Passion Vin in der Köpenicker.
Bars: jaja Bar.

Wir beziehen alle Zutaten aus der Region.

Kaviar Gauche

ALEXANDRA FISCHER-ROEHLER UND JOHANNA KÜHL
kaviargauche.com · @kaviargauche_official

Was bedeutet Berlin für euch?

Berlin ist seit vielen Jahren unsere Heimat. Die Stadt ist unglaublich inspirierend und ermöglichte uns früh, unseren eigenen Weg zu gehen. Als Kaviar Gauche gerade gegründet wurde, war der Hype um das neue, aufregende Berlin groß, die Mieten waren günstig und Berlin bot uns Freiräume, die wir in Paris oder London so nicht gehabt hätten. Die kreative Szene konnte hier wachsen und das prägte auch nachhaltig das Stadtbild und den einzigartigen Charme der Stadt.

Was zeigt ihr einem guten Freund?

Wir würden mit einem tollen Frühstück im Panoramarestaurant des Fernsehturms beginnen – um einen Überblick über Berlin zu erhalten und die Geschichte sowie die Teilung der Stadt zu thematisieren. Danach besuchen wir historische Orte, die den Wandel der Zeit porträtieren, wie das Denkmal zur Erinnerung an die Bücherverbrennung am Bebelplatz, die Neue Synagoge oder auch den Boris Bunker in Mitte.

Was ist euer Lieblingsshop?

Das Marsano ist sehr inspirierend. Die Kombination von Blumen und Gestaltung ist einmalig.

Wie würden perfekte 24 Stunden für euch persönlich in Berlin aussehen?

Ein guter Start in den Tag wäre Bewegung an der frischen Luft – entweder eine schöne Yoga-Stunde oder entspannt zu Fuß in unser Studio gehen. Auf dem Weg stoppen wir bei Rose Garden in der Alten Schönhauser Straße. Mittags machen wir einen kurzen Abstecher ins Galerien-Viertel in der Augustraße und besuchen anschließend das KaDeWe in Charlottenburg. Am Abend zieht es uns ans Wasser ins Umland, wo wir Berlin von seiner schönsten Seite genießen.

Gibt es ein Lieblingsrestaurant?

Das Pappa e Ciccia ist schon seit Jahren eines unserer Lieblingsrestaurants.

Gibt es ein Lieblingscafé?

Das Café Bravo in den Kunstwerken, entworfen von Dan Graham, ist ein architektonisches Highlight. Ein kontemplativer Ort.

Habt ihr ein Lieblingsmuseum?

Das Neue Museum, von David Chipperfield errichtet.

Wohin für einen guten Drink?

Die Pauly Bar ist unsere Wahl für den perfekten Feierabend-Drink.

Um dem Trubel der Großstadt zu entfliehen, besuchen wir gerne die Pfaueninsel.

Jules Villbrandt

FOTOGRAFIN & GRÜNDERIN DES BLOGAZINES HERZ&BLUT
herzundblut.com · @herz.und.blut

Warum wohnst du hier?

Ich lebe schon seit über 12 Jahren in der Stadt Berlin. Ich bin zum Studieren hergezogen und natürlich hiergeblieben. Keine andere Stadt der Welt ist in meinen Augen so liberal, so unfreundlich und herzlich zugleich. Was soll ich sagen, man kann Berlin einfach nur lieben. Besonders im Sommer ist die Stadt einfach großartig.

In welchem Viertel wohnst du?

Ich lebe von Anfang an in Berlin-Wedding. Ich bin im Norden von Berlin aufgewachsen und nie hätte ich gedacht, dass es mich in den Wedding verschlagen würde. Der Wedding „kommt", aber eigentlich auch nicht, und das ist gut so. Ich habe aufgehört den Leuten zu erzählen, wie schön es hier ist. Das Unperfekte und Raue macht den besonderen Charme des Weddings aus. Allein der Nettelbeckplatz gleicht insbesondere im Sommer einer Piazza der speziellen Art, es gibt immer skurrile Gegebenheiten zu berichten, dafür liebe ich den Kiez.

Was sind deine Lieblingsrestaurants?

Berlin hat sich allein in den letzten Jahren so krass entwickelt. In meinem Kiez liebe ich die Pizzeria Stranero, hier bin ich schon als Stammgast bekannt. Agnese und Luca sind der Hammer. Sollte es mal mondäner sein, mag ich das Kaffeehaus Grosz auf dem Kudamm sehr. Auch das Ora – eine alte Apotheke – ist eine tolle Location, vormittags super zum Brunchen und am Abend, um sich einen Drink zu genehmigen. Auf einen guten Drink verschlägt es mich auch gerne ins Basalt.

Hast du Lieblingsshops?

Ja, den Süper Store, das Parkhaus und den Soda Book Store mag ich sehr.

Was sind für dich die schönsten Ausflugsziele?

Wie sagt der Berliner so schön: „jot-weh-de". Ich liebe es, in den Garten meiner Eltern nach Oranienburg rauszufahren. Aber auch ohne Garten ist das Brandenburger Umland nicht umsonst als die „Hamptons von Berlin" bekannt. Die Ecke um Fürstenberg an der Havel ist wunderschön und einen Nachmittag Erdbeeren zu sammeln oder Äpfel in Vehlefanz und Umgebung zu pflücken ist einfach toll. Einen Ausflug an den Kremmener See kann ich auch nur jedem ans Herz legen. Ach, Brandenburg generell ist wirklich sehr schön!

Keine andere Stadt der Welt
ist in meinen Augen so liberal, so
unfreundlich und herzlich zugleich.

Ich liebe es, in Brandenburg zu sein.

Andreas Murkudis

INHABER ANDREAS MURKUDIS
andreasmurkudis.com · @andreasmurkudis

Wie kam es zu der Idee, einen Store wie Andreas Murkudis zu eröffnen?

In meiner Zeit als Geschäftsführer des Museums der Dinge hatte ich bereits in unserem Museumsshop Dinge zusammengestellt, die mir gefallen haben, oder die in meinen Augen sehr besonders waren – einige dieser Produkte oder Marken begleiten mich bis heute und sind in meinen Läden erhältlich. Im Jahre 2011 eröffnete ich den Laden in der Potsdamer Straße 81 in der alten Druckerhalle des Tagesspiegels und 2015 einen Interieur-Laden auf der Potsdamer Straße. Ich mag diese Gegend sehr, sie ist ungewöhnlich und darin besonders schön.

Seit wann lebst du in Berlin?

Meine Eltern kamen beide aus Griechenland in die DDR und ich wurde in Dresden geboren. In den 70er-Jahren sind wir nach West-Berlin gezogen und ich bin hier mit meinem Bruder, dem Modedesigner Kostas Murkudis, aufgewachsen – und geblieben. Wir lebten im Wedding, einem Teil der Stadt, der damals ziemlich unbekannt war, und wir spielten dort auf den freien Flächen Fußball – eigentlich jeden Tag. Zur Schule gingen wir in Schöneberg und abends in die Clubs am Lehniner Platz. Ich habe hier meinen Abschluss in Kunstgeschichte und Geschichte gemacht und viele Jahre als Geschäftsführer im Museum der Dinge in Berlin gearbeitet. Ich kenne diese Stadt in all ihren Schattierungen und das Tolle daran ist, dass ich immer noch Orte finde, die ich nicht kannte oder die viele Jahre lang geschlafen haben.

Wenn ein guter Freund auf Besuch kommt, was würdest du ihm auf jeden Fall zeigen?

Ich würde versuchen, ihm das Berlin zu zeigen, wie es vor der Mauer war. Es ist mir nach wie vor unheimlich, wie unterschiedlich das Gefühl zu damals ist. Wenn man zum Beispiel von der U-Bahn-Station Reinickendorf zum Halleschen Tor fährt: Damals fuhr man im Schritttempo durch mit Waffen bewachte Bahnhöfe, und wenn ich zur Arbeit beim Gropius Bau ausstieg, begrüßten mich dort auch schon die Wachen ein paar Meter neben dem Haupteingang. Der Potsdamer Platz war eine riesengroße Wiese, auf der am Wochenende ein Markt war. Das kann man sich heute alles überhaupt nicht mehr vorstellen … Das würde ich meinen Gästen erzählen und zeigen.

Ich habe schon lange eine Faszination für das Besondere.

Gibt es besondere Lieblingsrestaurants?
Ich mag das Daitokai – ein japanisches Restaurant, das seit 30 Jahren in Berlin ist und ich habe immer noch keinen besseren Ort zum Essen gefunden, wenn es um japanische Küche geht. Es ist eine Institution und doch kennt es kaum jemand.

Was sind deine Lieblingscafés?
Das Café Einstein Stammhaus hat eine schöne Innenausstattung und ist selbst für Berliner Verhältnisse noch sehr ruhig. Es ist ein Ort, wo man zu jeder Zeit das beste Frühstück bekommen kann und der Service ist außergewöhnlich. Ich mag auch die Geschichte des Hauses. Es gehörte der Filmschauspielerin Henny Porten. An diesem Ort passt alles zusammen.

Was sind deine Lieblingsshops außer Andreas Murkudis?
Nicht in Berlin, aber toll: 10 Corso Como, Tearose Milano, The Apartment in Kopenhagen und auch Bloom and Branch in Tokyo, Queenmamamarket und Mue in Seoul.

Wohin gehst du für Kultur, Architektur, Fotografie, Kunst?
Ich habe lange in meinem Leben als Geschäftsführer im Museum der Dinge in Berlin gearbeitet – deshalb bin ich sehr verbunden mit all den schönen Museen, die wir hier in Berlin haben. Aber ich mag auch die Galerien von Esther Schipper und Thomas Fischer. Für mich zeigen beide eine zeitgenössische Vision und repräsentieren Künstler, die in ihren Arbeiten dialogische Momente schaffen, manchmal Sehgewohnheiten durchbrechen und zwischen verschiedenen Medien wechseln. Eines meiner Lieblingsgebäude ist seit langem das Shell Haus am Schöneberger Ufer. Besonders gefällt mir, dass es aus allen Blickwinkeln neue Perspektiven auf die Architektur von Fahrenkamp bietet.

Wohin gehst du für einen guten Drink?
Ich liebe frisch gepressten Orangensaft – und den bekomme ich überall dort, wo ich früh am Morgen bin, denn mein Tag beginnt sehr zeitig. Aber um die Frage zu beantworten: Im Allgemeinen gehe ich nicht „für Drinks" aus, aber wenn, dann gehe ich wirklich gerne in die Victoria Bar. Sie haben sehr leckere Drinks und Cocktails und die Barkeeper sind wie ein Stück alter gewachsener Geschichte und bedienen die Kunden nicht in ihrer Exaltiertheit. Ein schöner Ort der ganzen Welt.

Dein persönlicher „happy place"?
Ich verbringe meine Zeit gerne auf dem Land, außerhalb von Berlin, an einem Ort, an dem es in den letzten 40 Jahren nicht viel Neues gegeben hat. Es fühlt sich dort an wie in einem Zeitsprung, wenn man ankommt. Es ist sehr ruhig und man kann den Alltag sehr leicht hinter sich lassen. Man ist dort einer völlig andere Art von Unterhaltung ausgesetzt.

Was würdest du ändern?
Ich wünschte, Menschen würden mehr Verantwortung für ihr Tun und die Stadt übernehmen.

Eine Oase für alle, die das Schöne und Exquisite schätzen.

Potsdamer Straße 81

EVA & ADELE

LEBENDES KUNSTWERK
evaadele.com

Wer seid ihr? Woher kommt ihr?

Wir sind seit 29 Jahren EVA & ADELE. Im April 1991 beschlossen wir, EVA & ADELE zu sein. Davor waren wir zwei unabhängige Künstler. Seit einem sechsstündigen Tanz in Umbrien, wo wir sehr viel übereinander erfahren haben, gehen wir unseren Weg zusammen. Wir kommen aus der Zukunft. Die Zukunft beschreibt sich selbst über EVA & ADELE. Weil es uns seit fast 30 Jahren gibt und was sich alles getan hat seit unserer Erscheinung.

Gab es je Zweifel?

Wir hatten viel Gegenwind. Vor allem während unseren Straßenperformances. Rosa war früher verpönt, und wir kamen in rosa Lackkostümen. Grenzüberschreitung von Geschlechtern: Das fordert Mut.

Warum lebt ihr in Berlin?

Es hat sich so ergeben, dass wir hier gelandet sind. Während wir an unserem ersten Filmkunstwerk *Hellas* in Griechenland gearbeitet haben, ist die Mauer gefallen. Wir haben davon nichts mitbekommen, waren in der griechischen Geschichte unterwegs. Wir haben quasi den Mauerfall verpasst. (lachen)

Streitet ihr auch?

Wir haben so viel Nähe, da gehört Streit auch dazu. Optimale radikale Verschmelzung ist nur möglich durch absolute Individualität. Wir scherzen manchmal, dass wir die Assistenten von EVA & ADELE sind. EVA & ADELE ist auch eine Dienstleistung. Wir arbeiten für sie.

Wo seid ihr am liebsten?

Am liebsten sind wir in unserem Atelier in Charlottenburg oder in Ausstellungen. Gerade auch häufig im me Collectors Room während unserer Solo Ausstellung.

Geht ihr gerne aus?

Wir sind häufig bei Freunden eingeladen. Sonst kochen wir meist selbst. Das was wir kochen, ist zugleich Arbeit am lebenden Kunstwerk. Achtsames Ernähren ist Teil des Kunstwerks. Manchmal gehen wir zum Italiener um die Ecke. Der Ort, wo wir gerade aktiv sind, ist immer unser Lieblingsort.

Welches Kunstmuseum mögt ihr?

Wir gehen sehr gern in den Hamburger Bahnhof.

Wo immer wir auch sind, ist Museum.

Wofür seid ihr dankbar?
Dass wir uns getroffen haben.

Wir kommen aus der Zukunft.

Was ist Erfolg?
Not to be surrounded by assholes.

Wo lebt die Kunst in Berlin?

Wir waren gerade im KW. In 100 Jahren wird man vielleicht über Berlin so sprechen, wie heute über Paris. Es war der Ort, an dem die ganze Avantgarde gelebt hat und wo alles passiert ist. Man lernt von anderen und die anderen von dir. Wir tauschen uns mit anderen Künstlern gerne aus.

Gibt es eine Lieblingsstadt?

Wir haben New York sehr viel zu verdanken. New York war in den 90ern wie unser Nektar, der EVA & ADELE gespeist hat. Die New Yorker haben uns so viel Kraft gegeben und uns herzlich und offen willkommen geheißen. Wir haben immer gesagt, wir machen aus Berlin das neue New York. Vor 30 Jahren war es weit davon entfernt. Wir brauchen für unsere Arbeit große Räumlichkeiten und da ist Berlin ideal. Irgendwann haben wir gesagt, wir setzen alles auf Berlin und das hat funktioniert.

Was ist eure Hauptbotschaft?

„Futuring". In der Prenzlauer Allee in der ehemaligen Bötzow Brauerei am Schornstein steht unser Futuring und leuchtet in der Nacht. Wie ein eigener Stern hängt es da. Es gibt viele Leute, die uns sagen, dass sie, wenn sie heimradeln, dort vorbeikommen und es sie berührt.

Was würde ein guter Freund über euch sagen?

Ich liebe die Energie, die von euch ausgeht. Eine Nachbarin meinte mal, sie spüre, wenn wir nicht da sind. Ohne unsere künstlerische Energie hätten wir nie EVA & ADELE starten können.

Was ist euch das Wichtigste?

Die Liebe zu leben und mitzuteilen ist uns das Wichtigste. Die muss immer neu erfunden werden und ist nie endend. Wir haben uns durch die Arbeit in der Öffentlichkeit gar keinen anderen Weg gelassen, als den Kunstbetrieb mit zu beeinflussen. Am Ende sind wir immer Regisseure und geben die Stimmung vor und setzen unser Lächeln hin, egal was von außen kommt. Wir haben schon so viel Negatives erlebt in der Kommunikation. Wenn die Leute einen kritisieren, dann reden sie immer über sich selbst. Das hat wenig mit uns zu tun. Menschen haben häufig Angst vor dem Fremden und dem Anderen, das wir symbolisieren. Wir mussten sehr viel kämpfen, um da hinzukommen, wo wir heute sind. Gleichzeitig begegnen wir so vielen fantastischen Menschen und haben Freunde auf der ganzen Welt.

Welche Musik hört ihr?

Callas, Philipp Glas, Oper. In Berlin gehen wir gerne in die Deutsche Oper und in die Komische Oper.

Seit wann lebt ihr von eurer Kunst?

Du brauchst Geld, um deine Träume zu realisieren. Das haben wir schon sehr früh erkannt. Wir haben immer schon von unserer Kunst gelebt. Früher auf unseren Reisen haben wir unsere Bilder verkauft.

Wir hatten immer einen Koffer dabei mit Bildern und uns so finanziert. Heute können wir sehr gut davon leben und haben auch eine Stiftung für die Zukunft ins Leben gerufen.

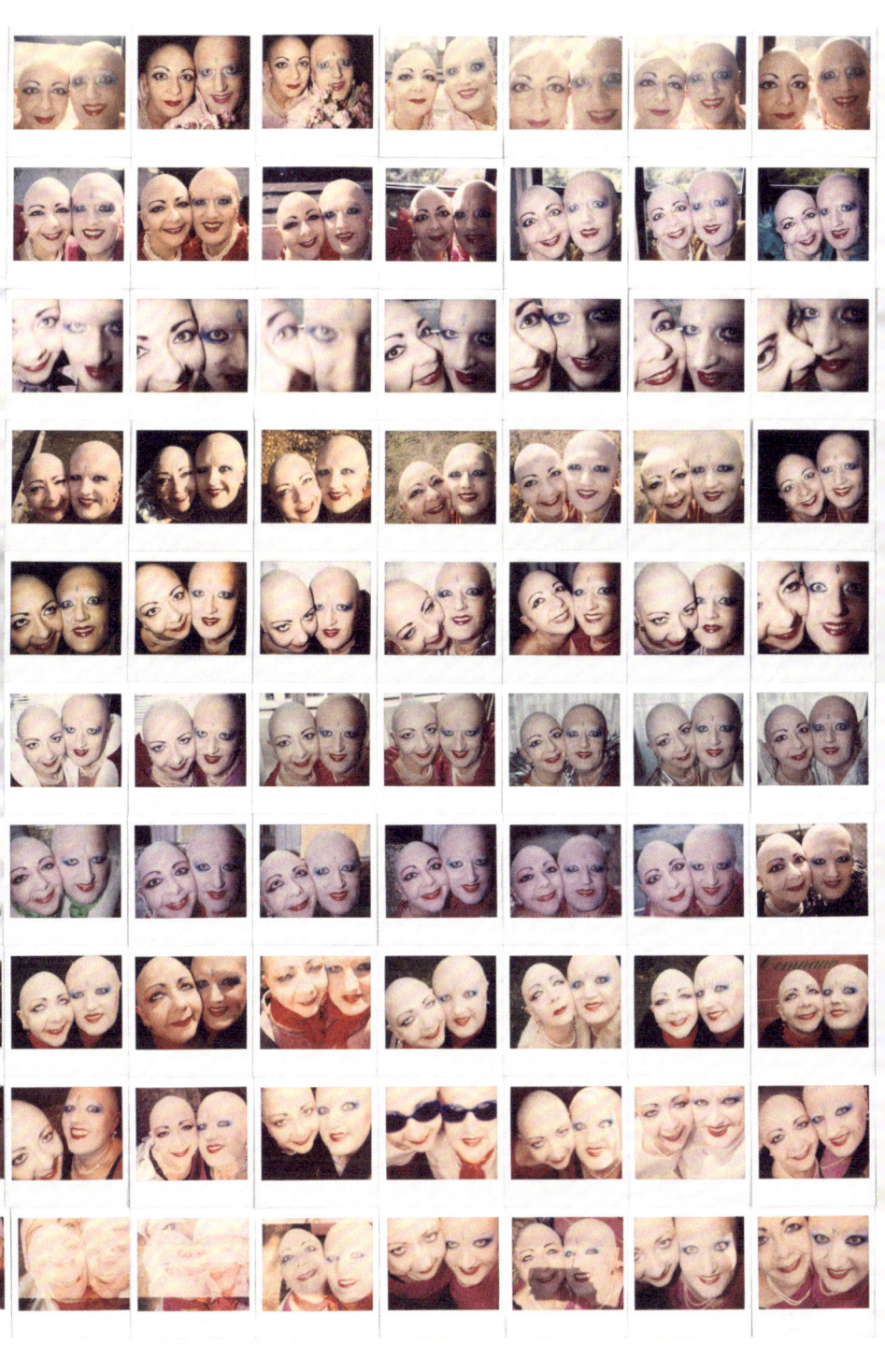

Per Meurling

CEO BERLIN FOODSTORIES
berlinfoodstories.com · @berlinfoodstories

Was bedeuten für dich Mitte & Prenzlauer Berg?

Prenzlauer Berg und Mitte sind sich grundsätzlich ähnlich. Immer noch erstaunlich vielfältig. Insbesondere der Süden vom Prenzlauer Berg hat einen absolut unverdient schlechten Ruf. Neuköllner und Kreuzberger ziehen ja gern über den PB her, aber die Ecke hier ist toll.

Friedrichshain?

Friedrichshain ist eine kulinarische Wüste. Hier hat sich letztes Jahr einiges getan, aber es gibt sehr wenig Gutes. Es ist ein bisschen ein weißer Fleck. Das Michelberger ist eine große Ausnahme und einfach ein Herzensspot. Wir haben dort geheiratet und schon etliche Events gemacht.

Kreuzberg?

Kreuzberg bietet eine hohe Qualität an kulinarischen Spots und man hat türkischelibanesisch-syrische Sachen, die wirklich ein integraler Part und essenzieller Bestandteil der Berliner Essenskultur sind. Vom Kotti (Kottbusser Tor) strahlt einfach alles aus.

Dein Türkisches Lieblings-Restaurant?

Es geht hier eigentlich immer um Kategorien. Türkisch allein ist wahnsinnig vielfältig: du hast die Grills, die Bäckereien etc. (Lahmacun, Gözleme, Manti). Verschiedene Dönerkategorien: Huhn, Kalb, Imren (Rind, über Nacht in Zwiebeln und Gewürzen mariniert) ...

Neukölln?

Neukölln ist für mich ein ungeschliffenes Kreuzberg. Die Damaskus-Konditorei macht die unglaublichsten Baklava-Kreationen von Hand.

Der Westen von Berlin?

Charlottenburg ist wie eine zweite Stadt. Es war immer das ewige „Charlottenburg ist im Kommen" ... Jetzt ist es wahr. Ich bin ein riesiger Fan von der Kantstraße, wo du immer mal wieder was Neues entdeckst – auch in den Seitenstraßen. Duc Ngo ist halt mit Abstand der smarteste Gastronom, den wir in Berlin haben mit Kuchi, 8903 Ryotei, Madame Ngo, Funky Fish. Eine Art von Restaurants, die wir vorher so in Berlin nicht hatten. Duc Ngo ist einer der Gründe, warum der Westen cool geworden ist. Hätte ich Freunde dort, könnte ich mittlerweile dort wohnen. Das gilt auch für Schöneberg um die Potsdamer Straße: mit Kin Dee und Lulu Guldsmeden.

Ich bin der hungrigste Mensch in Berlin.

Einige Lieblingsorte von Per:

1. Standard Pizza
2. Yafu (israelisch)
3. Michelberger
4. Babel (erstes Restaurant auf berlinfoodstories)
6. AEG Gelände Crois
7. Silo
8. Hallmann & Klee
9. Fine Bagels
10. Güllü Lahmacun in Moabit
12. Türkische Grills: Adana/Doyum
13. Damaskus-Konditorei in Neukölln
14. Kuchi, 8903 Ryotei, Funky Fish, …
15. Lulu Guldsmeden

Anna Craemer

PHILOSOPHIN · CONTEXTUELLE TRAINERIN · AUTORIN
denkwandel.com · @annacraemer · Podcast #Denkwandel

Was ist deine größte Passion?

Meine größte Passion ist mein Beruf. Ich liebe es, Menschen durch die Contextuelle Philosophie zu einem erfolgreichen und erfüllten Leben zu befähigen: als Trainerin für die Contextuelle Coaching Academie, als Inhaberin des Blogs *Denkwandel* und als Autorin für diverse Zeitungen. Ich bin außerdem passionierte Ästhetin. Ich liebe es, das Schöne in allem zu erkennen und hervorzubringen, sei es in Mensch, Natur, Gedanken oder Taten. Um es in Elsie de Wolfe's Worten zu sagen, der ersten amerikanischen Innenarchitektin: *„I am going to make everything around me beautiful – that will be my life."*

Was hat dich dazu bewegt, nach Berlin zu ziehen? Was liebst du an Berlin?

Der unbändige Drang nach Inspiration. Die Weite. Die Lust auf Neues. Die Gier nach Vielfalt. Die Menschen. Die Liebe zum Abenteuer. Die vielen Möglichkeiten.

Wie würdest du Berlin beschreiben, wenn die Stadt ein Mensch wäre?

Sehr vielfältig. Ein wilder Partymensch, aber auch ein meditierender Veganer. Ein Arbeitstier und Entrepreneur wie auch ein Sozialschmarotzer. Und er ist immer unverbindlich, also meistens. :-)

Wenn jemand zum ersten Mal nach Berlin kommt, was würdest du ihm/ihr zeigen?

Die Choriner Straße. Die Museumsinsel. Den Landwehrkanal im Gräfekiez. Das Bauhausarchiv. Den Blick vom Soho House auf den Alexanderplatz. Den Hamburger Bahnhof. Die Berlinischen Galerien. Den Flohmarkt am Arkonaplatz. Mitte. Das Regierungsviertel. Den Tiergarten. Am besten einfach einen Elektroroller mieten und sich durch die Stadt treiben lassen.

Wo hattest du die wildesten Parties?

Es gibt natürlich unzählige abgefahrene Partylocations in Berlin, doch wer seine moralischen Grenzen sprengen möchte, sollte einmal im KitKat Club gewesen sein. Eine skurrile Mischung aus den buntesten Vögeln, die leichtbekleidet wild tanzen und überall f..... Trotz der Crazyness ein sehr friedlicher und respektvoller Ort, oder vielleicht gerade deswegen. Das ist das Tolle an Berlin, diese Attitude von: Leben und leben lassen. Das hat mich schon immer fasziniert und magisch angezogen.

Glück ist für mich, auf dem Fahrrad durch die Stadt zu fahren.

Our Food Stories

FOOD STYLISTINNEN UND FOTOGRAFINNEN
ourfoodstories.com · @ourfoodstories

Wie und wo habt ihr euch kennengelernt und wann kam die Idee, gemeinsame Sache zu machen?
Wir haben uns durch eine Freundin kennengelernt, die einen Kurzfilm gedreht hat. Nora hatte damals ein kleines Modeatelier in Kreuzberg, in dem eine Szene des Films gedreht wurde und ich habe behind-the scenes Fotos aufgenommen und bei allem unterstützt, was so anfiel. Nora und ich waren uns auf Anhieb sympathisch, ein halbes Jahr später sind wir zusammengekommen, ein weiteres Jahr später zusammengezogen. :-) Da ich viele Nahrungsmittelunverträglichkeiten habe, gehen wir kaum essen und kochen immer selbst, so entstand dann irgendwann auch die Idee zum Blog.

Wo seid ihr geboren?
Wir sind beide in Berlin geboren und aufgewachsen. Und Laura hat einen Teil Ihrer Kindheit in einem kleinen Dorf in Brandenburg verbracht.

Wenn gute Freunde auf Besuch kommen, was zeigt ihr ihnen auf jeden Fall?
Wir lieben den veganen Eisladen Tribecca und würden als Erstes mit jedem dort ein Eis essen gehen!

Wie wäre Berlin als Mensch?
Entspannt, offen, markant und vielseitig.

Was sind eure schönsten Ausflugsziele?
Wir haben eine kleine Wohnung auf dem Land, deshalb fahren wir immer dorthin, wenn es ins Grüne geht! Aber in Berlin selbst mögen wir den Weißensee und den Treptower Park sehr gern.

Gibt es ein Lieblingscafé?
Wir können den Kaffee im Halleschen Haus sehr empfehlen. Außerdem lieben wir die Atmosphäre dort.

Wo kauft ihr eure schönen Blumen?
Blumenbett ist unser liebster Blumenladen!

Eure Lieblingsläden?
Wir lieben das Ting und Parkhaus in Mitte. Die schönsten Vintage-Teile gibt es bei J&V in Schöneberg. Für Bücher und zum Entspannen gehen wir in die Ocelot Buchhandlung.

Was macht euch glücklich?
Ein Spaziergang mit unseren Hunden in der Sonne, Reisen nach Kopenhagen, Fotografie, und gutes Essen – aber am meisten machen wir uns einander glücklich.

Berlin als Mensch wäre entspannt,
offen, markant und vielseitig.

Im Gespräch mit

Lisa Banholzer

MODEBLOGGERIN · UNTERNEHMERIN
blogger-bazaar.com · @blogger_bazaar · Podcast #MatchaLatte

Seit wann wohnst du in Berlin und was liebst du an der Stadt?

2015 bin ich mit meiner Business-Partnerin Tanja nach Berlin gezogen. Wir haben uns bewusst entschieden, uns von der Stadt Berlin aufrütteln zu lassen. In München hatten wir es uns schon recht gemütlich gemacht und wollten uns in einem neuen Umfeld neuen Herausforderungen stellen. Berlin stellt defintiv andere und existentiellere Fragen, als andere Städte und hat mich als Mensch deshalb sehr verändert. Für unser Business war es auch deshalb eine strategische Entscheidung, da Berlin in Sachen Digitalisierung und Trends Vorreiter in Deutschland ist. Berlin ist voller Ideen und Menschen, die man noch kennenlernen will. Dabei gibt es keine etablierte Elite, die einem Grenzen setzt. Jeder kann, wenn er einen starken Willen, eine spannende Persönlichkeit, innovative Ideen oder einen eigenen Look hat, seinen Lebensstil und seine Träume hier verwirklichen. Diese Magie der Möglichkeiten macht viel von der besonderen Aura Berlins aus.

Was sind interessante Modeläden?

Voo Store, The Corner, Andreas Murkudis und The Store sind die Adressen, bei denen man Trends früh spotten kann und die in Sachen internationale Streetwear und High-End Fashion in Berlin ganz vorne mit dabei sind. Wer Berliner Designer und Kreative unterstützen will, sollte einen Stop im Lala Berlin Shop in der Münzstraße machen oder im Infa Store Bikini Berlin. Für den kleinen Geldbeutel und einzigartige Teile sind die Berliner Flohmärkte perfekt. Die Profis gehen frühmorgens auf Jagd nach neuen Lieblingsteilen. Sowohl ausgefallene Mode als auch antikes Geschirr und Möbel findet man auf dem Mauerpark, Arkonaplatz, Tiergarten und Boxhagenerplatz Flohmarkt. Den typischen Berlin Style aka. Raverlook gibt es aber auch in den großen Humana Second Hand Stores. Nett zum Schlendern ist es rund um die Neue Schönhauserstraße.

Einige deiner Lieblingsorte?

Das Restaurant Themroc auf der Torstraße hat jede Woche einen wechselnden Chefkoch, der ein kleines Menü zusammenstellt. Lunch: Club Kitchen, Data Kitchen, Dolores Bars: Fahimi Bar, Bar Milano, Buck and Breck · Für Kunst & Kultur: Museum Berggruen, Sammlung Scharf-Gerstenberg, König Galerie und das Kunstgewerbemuseum.

Ich will Menschen Mut machen, sie selbst zu sein, etwas Neues zu wagen, neugierig auf die Welt und das Leben zu bleiben und Schönheit überall, auch im Kleinen oder Unscheinbaren zu sehen. Mode ist dabei Ausdrucksform genau dessen. Abseits dieser spielerischen Darstellung von Trends und Ästhetikwelten, will ich unseren Followern zeigen, dass mich die selben menschlichen Fragen und Ängste wie sie beschäftigen, und gemeinsam mit ihnen auf die Suche nach dem gehen, was uns langfristig glücklich macht.

Familie Roos

INHABER VON NECTAR & PULSE
nectarandpulse.com · @the.rooses

Seit wann lebt ihr hier und warum?

Wir haben uns 2011 nach etlichen Auslandsaufenthalten in München kennen und lieben gelernt und dann erstmal sechs Jahre dort gelebt. Ende 2016 haben wir uns dann entschieden, mit unseren zwei Kindern nach Berlin zu ziehen. Uns hat die Lebendigkeit der Stadt schon immer fasziniert. Und es war tatsächlich eine der bisher besten Entscheidungen in unserem Leben.

Woher kommt ihr?

Chris ist in seinem Leben schon so oft umgezogen, hat aber seine Jugendjahre in Hamburg verbracht. Tanja ist in einem kleinen österreichischen Dorf nahe Salzburg aufgewachsen, und hat als Halbschwedin ihre Sommer immer in Schweden verbracht. Wir haben, bevor wir uns kennenlernten in Salzburg, London, Stockholm, Hamburg, New York und Japan gelebt und fühlen uns jetzt in Berlin sehr wohl.

Was sind bisher eure schönsten Erfahrungen in Berlin?

Unzählige. Nie werden wir die Nacht vergessen, als wir hergezogen sind. Unser Auto war vollbepackt und gemeinsam mit unseren schlafenden Kindern und dem Umzugs-wagen sind wir von München nach Berlin gefahren. Es war dieses ganz besondere Gefühl in der Luft: „Und jedem Anfang wohnt ein Zauber inne." Wenn man eine Entscheidung trifft, die zu 100% seiner Intuition entspricht, dann schließt sich ein Kreis nach dem anderen. Wir haben unsere Traumwohnung im Prenzlauer Berg und zwei tolle Kita-Plätze gefunden und alle fühlen sich zum ersten Mal so richtig angekommen.

Eure Top Tipps für Ausflüge mit Kids?

Natürlich die unzähligen Seen in der Nähe wie der Tonsee, Liepnitzsee, Groß Glienicker See, Weißensee oder wenns schnell gehen soll zum Plötzensee. Auch eine Bootsfahrt Richtung Müggelsee durch Klein-Venedig ist toll. Wir lieben das New Haus an der Ostsee in Dierhagen oder Orte wie das Gutshaus Lexow an der Seenplatte. Auch ein Ausflug zum Kinderbauernhof Pinke Panke ist immer einen Besuch wert. Zum Moritzhof im Prenzlauer Berg oder zum Vierfelderhof. Das MACHmit! - Museum ist schön oder einfach zum Holzmarkt. Berlin ist eine super Stadt für Kinder.

Gibt es ein Lieblingscafé?

Das Lass uns Freunde bleiben.

Das Leben ist eine abenteuerliche Reise.

4. Kultur

Die kulturelle Vielfalt in Berlin ist unerschöpflich und jeder hat andere Vorlieben. Was auf jeden Fall dazugehört, ist ein Besuch im Theater, eine Tour mit dem 100er Bus für 2,70 Euro vorbei an allen Sehenswürdigkeiten, eine Currywurst und Döner essen, die Aussicht auf dem Klunkerkranich genießen, ein Foto in einem der Fotoautomaten machen, in eine der vielen tollen Galerien gehen, sich der Geschichte Deutschlands am Holocaust-Mahnmal erinnern und natürlich über die Museumsinsel spazieren. Es folgt eine Übersicht mit den kulturellen Essenzen, die wir persönlich bei einem Berlin-Trip besuchen würden.

MITTE

1. Museumsinsel
– Pergamonmuseum
– Neues Museum
– Bode Museum
Bodestraße 1–3

2. Museum für
Naturkunde
Invalidenstraße 43

3. Hamburger Bahnhof
Invalidenstraße 50–51

4. Holocaust-Mahnmal
Cora-Berliner-Straße 1

5. Alter Garnisonfriedhof
Kleine Rosenthaler Str. 3–7

6. me Collectors Room
Auguststraße 68

7. Sammlung Boros
Reinhardtstraße 20

8. KW Institute
Auguststraße 69

9. Volksbühne
Linienstraße 227

PRENZLAUER BERG

10. Gedenkstätte Mauerpark
Bernauer Straße 111

11. Galerie Parterre
Danziger Straße 101

12. Vinogradov Galerie
Chodowieckistraße 25

13. Tchoban Foundation
Christinenstraße 18a

14. Zeiss-Großplanetarium
Prenzlauer Allee 80

15. Gleimtunnel

16. Alte Bötzow-Brauerei
Prenzlauer Allee 242

KREUZBERG

17. Berlinische Galerie
Alte Jakobstraße 124–128

18. Jüdisches Museum
Lindenstraße 9–14

19. The Feuerle Collection
Hallesches Ufer 70

20. Amerika
Gedenkbibliothek
Blücherplatz 1

21. Martin-Gropius-Bau
Niederkirchnerstraße 7

22. Fichtebunker
Fichtestraße 6

23. König Galerie
Alexandrinenstraße 118

24. Künstlerhaus Bethanien
Kottbusser Straße 10/d

NEUKÖLLN

25. KINDL-Zentrum für zeitgenössische Kunst
Am Sudhaus 3

26. Frankfurt am Main
Wildenbruchstraße 15

27. Körnerpark
Schierker Straße 8

FRIEDRICHSHAIN

28. East Side Gallery
Mühlenstraße 3–100

29. Urban Spree
Revaler Straße 99

30. BC Gallery
Libauer Straße 14

WESTEN

31. Spreebogen
– Bundeskanzleramt
– Reichstag
– Haus der Kulturen d. Welt

32. Museum Berggruen
Schloßstraße 1

33. C/O Berlin
Hardenbergstraße 22–24

34. Museum für Fotografie / Helmut Newton
Jebensstraße 2–3

35. Käthe-Kollwitz-Museum
Fasanenstraße 24

36. Bauhaus-Archiv
Klingelhöferstraße 14

37. Gemäldegalerie
Matthäikirchplatz

38. Blain Southern
Potsdamer Straße 77–87

39. Contemporary Fine Arts
Grolmanstraße 32/33

3. HAMBURGER BAHNHOF

MITTE • Invalidenstraße 50–51
smb.museum

Außergewöhnliches Museum für Gegenwartskunst. Auf 10.000 qm werden Werke unter anderem von Andy Warhol, Cy Twombly und Roy Lichtenstein gezeigt. An jedem ersten Donnerstag im Monat ist der Eintritt kostenlos.

10. GS BERLINER MAUER

MITTE • Bernauer Straße 111
berliner-mauer-gedenkstaette.de

Hier werden Erinnerungen an die Teilung Berlins lebendig. Ein 70 Meter langes Original-Teilstück der Grenzanlagen wurde zur Besichtigung errichtet und lässt die Zeit, die Fluchtversuche und Todesopfer nachempfinden.

23. KÖNIG GALERIE

KREUZBERG • Alexandrinenstraße 118
koeniggalerie.com

Sehenswerte Kunstgalerie mit vielen jungen Künstlern in einer ehemaligen Kirche, die in den 1960er in betonbrutalistischer Formensprache von Werner Düttmann erbaut wurde. Der Eintritt ist kostenlos. Ein einmaliges Erlebnis.

28. EAST SIDE GALLERY

FRIEDRICHSHAIN • Mühlenstraße 3–100
eastsidegallery-berlin.com

Ein geschichtsträchtiges Stück Berlin direkt an der Spree. Hier stehen 1316 Meter Originalmauer, besprüht durch Graffiti-Künstler aus der ganzen Welt.

33. C/O BERLIN

CHARLOTTENBURG • Hardenbergstr. 22–24
co-berlin.org

Im Amerikahaus befindet sich dieses tolle Ausstellungshaus für Fotografie. Es werden Werke international renommierter Fotografen gezeigt wie Irving Penn, Mario Testino, Annie Leibovitz, Peter Lindbergh. Ein Muss für jeden Fotografie-Liebhaber!

34. HELMUT NEWTON

CHARLOTTENBURG • Jebensstraße 2–3
smb.museum

Für alle Helmut-Newton- und Fotografie-Fans ein absolutes Highlight. Neben der Dauerausstellung von dem in Berlin geborenen Newton gibt es auch immer wechselnde gut kuratierte Ausstellungen.

36. BAUHAUS ARCHIVE

TIERGARTEN • Klingelhöferstraße 14
bauhaus.de

Die umfangreichste Sammlung zur Geschichte des Bauhauses. Mit Werken von Walter Gropius, Lucia Moholy u.a. Auch von außen einen Besuch wert.

38. BLAIN | SOUTHERN

TIERGARTEN • Potsdamer Straße 77–87
blainsouthern.com

Eine wundervolle, lichtdurchflutete Galerie in beeindruckenden Räumlichkeiten mit spannenden Ausstellungen. Wir gehen immer wieder gerne hin und inspiriert nach Hause.

23.

33.

34.

23.

38.

„Berlin ist die größte kulturelle Extravaganz, die man sich vorstellen kann."

– David Bowie

5. Essen & Trinken

„Die Kultur hängt von der Kochkunst ab."
– Oscar Wilde

Berlin ist reich an unterschiedlichen Geschmäckern und kulinarischen Institutionen. Von einfacher regionaler Küche, türkischen und asiatischen Imbissen, bis hin zu internationaler Sterneküche. Du findest nach Vierteln geordnet unsere Lieblingsrestaurants und zum Schluss eine Liste mit speziellen kulinarischen Themen wie Märkte, Bäcker, Delikatessenshops, beste Burger- und Pizzaläden ... Von Sterneküche zu Straßenimbissen. Guten Appetit.

M = Mittag · A = Abend
€ = günstig · €€ = moderat · €€€ = gehoben

40. BANDOL SUR MER

MITTE • *Torstraße 167*
030 67302051 • bandolsurmer.de • A, €€€

Ein kleines, unscheinbares, französisches Restaurant für maximal
20 Gäste, im Herzen Berlins an der allseits bekannten Torstraße.
Das Sechs-Gänge-Menü wird zu cooler Musik serviert. Hier verbringt man immer wieder einen schönen Abend, vor allem auch
wegen des tollen Service von Chef Andreas Saul und seinem Team.

41. PAULY SAAL

MITTE • Auguststraße 11–13
030 33006070 • paulysaal.com • M/A, €€€

Das Interior dieses Sternerestaurants und die imposante Rakete sind alleine schon ein Highlight. Auch gut für einen Drink an der Bar, wenn man eine Pause beim Shoppen in Mitte einlegen möchte. Arne Anker ist der Küchenchef und wurde gerade vom Gusto zum Koch des Jahres gewählt.

42. SHIORI

MITTE • Max-Beer-Straße 13
030 24337766 • shioriberlin.com • A, €€€

Shiori hat es sich zur Aufgabe gemacht, mit seinem Restaurant in Berlin die japanische Mentalität und den Geist der japanischen Küche zu vermitteln, welche die Essenz der Kultur und Ausdruck der Schönheit sind. Dies gelingt hier sehr authentisch.

43. SHISO BURGER

MITTE • Auguststraße 29C
030 88944687 • shisoburger.de • M/A, €

Sehr leckere, handliche Burger, Pommes und Edamame gibt es hier in top Qualität. Immer gut besucht, was bedeutet, dass man manchmal länger auf einen Tisch wartet. Das Essen bekommt man aber meist rasch.

44. DUDU

MITTE • Torstraße 134
030 51736854 • dudu-berlin.de • M/A, €€

Beliebtes Restaurant in Mitte mit leckerem Sushi und kreativem asiatischem Essen. Stets gut besucht mit belebter Stimmung und einem guten Mix an Leuten.

45. LEBENSMITTEL IN MITTE

MITTE • Rochstraße 2
030 27596130 • M/A, €€

Ein Ort zum Wohlfühlen! Einfache und dabei sehr gute süddeutsche Hausmannskost. Das geht einfach immer und vor allem in ebenso gemütlichem Ambiente. Von Spätzle und Schnitzel bis Maultaschen und Schweinebraten.

46. LOKAL

MITTE • Linienstraße 160
030 28449500 • lokal-berlin.blogspot.de • A, €€

Dieses herrlich unprätentiöse Restaurant ist im Kiez schon seit langem eine feste Institution. Neue deutsche Küche mit regionalen, saisonalen Zutaten und täglich neuen Gerichten.

47. YAROK

MITTE • Torstraße 195 • M/A, €

Ein sehr beliebter syrischer Imbiss mit top Preis-Leistungsverhältnis. Großzügige Teller mit Falafel, Salat, Hummus, Zitronen-Orangensauce. Dazu empfehlen wir Ayran, Tee oder frisch gepressten Saft.

48. COOKIES CREAM

MITTE • Behrenstraße 55
030 27492940 • cookiescream.com • A, €€€

Hervorragendes vegetarisches Sterne-Restaurant, das immer wieder neue Geschmackserlebnisse bietet. Künstlerisch angerichtete Teller und kreative Kompositionen. Auch für Nicht-Vegetarier definitv ein Gaumenschmaus. Das langjährige Bestehen (seit 2007) spricht für die Qualität.

49. GRILL ROYAL

MITTE • Friedrichstraße 105b
030 28879288 • grillroyal.com • A, €€€

Der Name steht für sich. Das Grill Royal ist eine Berliner Institution für Einheimische wie für Besucher der Hauptstadt. Ein Ort zum Menschen schauen und Flair erleben. Auch wegen der Größe und des prominenten Interiors ein Teil der Berliner Weltbühne.

50. COCOLO RAMEN

MITTE • *Gipsstraße 3*
kuchi.de • A, €

Eine absolute Ramen-Offenbarung. Es gibt ein Cocolo in Mitte und eines in Kreuzberg. Wir empfehlen auch gern Kreuzberg, weil die Warteschlange in Mitte schon vor abendlicher Eröffnung einfach zu lang wird.

51. RYONG

MITTE • *Torstraße 59*
030 30307047 • ryong.de • M/A, €

Relativ kleines, aber sehr gemütliches Restaurant. Mit Abstand einer der leckersten Veggie-Burger der Stadt. Vor allem der Hulk Burger ist ein unfassbares Geschmackserlebnis.

52. BORCHARDT

MITTE • *Französische Straße 47 • M/A, €€€*
030 81886262 • borchardt-restaurant.de

Dies ist ein Klassiker, eine Berliner Institution, wo man immer wieder auf Persönlichkeiten mit Rang und Namen stößt. Bekannt für sein Schnitzel, aber auch die anderen Speisen sind zu empfehlen. Unbedingt reservieren!

53. CHIPPERFIELD KANTINE

MITTE • *Joachimstraße 11*
030 33844430 • M, €

Wie der Name bereits sagt, ist dies die Kantine vom Architekturbüro Chipperfield. Ein tolles Lokal zum Mittagessen mit täglich wechselnden Menüs und sehr schönem, puristischem Interieur. Auch der Innenhof ist angenehm zum Sitzen.

54. MÄDCHENITALIENER

MITTE • *Alte Schönhauser Straße 12*
030 40041787 • M/A, €€

Bei schönem Wetter sitzen wir hier liebend gern draußen an der Schönhauser bei einem Glas Weißwein und einem Teller Trüffelpasta.

55. STANDARD PIZZA

PRENZLAUER BERG • *Templiner Straße /*
030 48625614 • standard-berlin.de • A, €€

Unser Lieblingsrestaurant für Pizza im Prenzlauer Berg. Wenn wir zum Mitnehmen bestellen, weigert sich der Pizzabäcker Stücke zu schneiden. Seine Begründung: es ist ein Kunstwerk, das nicht zerstört werden darf. Recht hat er, großartige Pizza!

56. LES VALSEUSES

PRENZLAUER BERG • *Eberswalder Straße 28*
030 75522032 • lesvalseuses.de • A, €€

Ein gemütliches französisches Restaurant mit schummrigem Licht und etwas abseits der üblichen Pfade. Lässt sich gut verbinden mit einem Spaziergang durch den Mauerpark. Tolles Steak!

57. RESTAURANT D.O.

PRENZLAUER BERG • *Kollwitzstraße 88*
030 52103950 • A, €€

Kleines katalanisches Restaurant mit extrem leckeren Gerichten zum Teilen und hervorragenden Weinen. Da braucht man gar nicht nach Spanien zu reisen, weil man hier ein Stück herzliches Spanien direkt vor der Tür hat. Unbedingt hingehen und vom passionierten Inhaberpaar verzaubern lassen!

58. MARUBI

PRENZLAUER BERG • *Schönhauser Allee 177*
030 47378858 • marubi.eu • M/A, €

Ein einfaches Lokal, wo man uns häufig zum Mittagessen findet. Sehr köstliche und preiswerte Gyoza, Edamame, scharfes Rindfleisch, Dumplings und Ramen. Die Nudeln werden hier noch selbst gemacht.

59. UMAMI

PRENZLAUER BERG • *Knaackstraße 16*
030 28860626 • umami-restaurant.de • M/A, €€

Beliebter Vietnamese, wo man super draußen sitzen kann. Die Speisen werden alle sehr ansprechend serviert. Der Lachs im Tontopf ist ein Klassiker. Es gibt auch eine gute Auswahl für Vegetarier oder Veganer.

60. DER HAHN IST TOT!

PRENZLAUER BERG • *Zionskirchstraße 40*
030 65706756 • der-hahn-ist-tot.de • A, €€

Hier gibt es regelmäßig Miesmuscheln in Weißweinsud mit Pommes – soviel jeder mag. Großartig! Einfach online die nächsten Termine prüfen und hoffen, dass das Timing stimmt. Ansonsten gibt es schmackhafte Menüs und eine schöne Stimmung mit vielen Locals aus der Umgebung.

61. ALT WIEN

PRENZLAUER BERG • *Hufelandstraße 22*
030 70129610 • altwien-berlin.de • A, €€

Ein Geheimtipp für alle, die es gern deftiger und österreichisch mögen. Manche behaupten, hier gibt es das beste Schnitzel in Berlin. Als Vorspeise noch eine Frittatensuppe und als Nachspeise Marillenknödel und der Abend ist perfekt. Wer möchte bekommt auch Almdudler.

62. LUCKY LEEK

PRENZLAUER BERG • *Kollwitzstraße 54*
030 66408710 • lucky-leek.com • A, €€€

Neben dem Cookies Cream ein weiteres exzellentes und sogar veganes Restaurant im Prenzlauer Berg, mit Eintrag im Guide Michelin. Das Sechs-Gänge-Menü gibt es für etwa 60 EUR. Sehr ausgewogene, kreative Kompositionen, die liebevoll angerichtet werden. Nicht nur für Veganer ein Highlight.

63. PAPPA E CICCIA

PRENZLAUER BERG • *Schwedter Straße 18*
030 61620801 • pappaeciccia.de • A, €€

Authentischer und sehr stilvoller Italiener und gleichzeitiger Treffpunkt im Kiez. Auf jeden Fall vorher reservieren. Man kann schön
draußen sitzen. Für uns ist der Signature Dish die Pasta mit Salsic-
cia, aber die wechselnden Gerichte verzaubern auch immer wieder
mit interessanten Geschmackern.

![Innenraum des Restaurants]

64. LODE & STIJN

KREUZBERG • *Lausitzer Straße 25*
030 65214507 • lode-stijn.de • A, €€€

Erst ein abendlicher Spaziergang am Landwehrkanal und dann zum Gourmet Dinner zu Lode van Zuylen and Stijn Remi. Schönes gemütliches Ambiente, exzellente moderne internationale Küche und großartiges Sauerteigbrot. Was braucht man mehr für einen genussvollen romantischen Abend? Ach, und auf jeden Fall die dänischen Bitterballen kosten.

65. NOBELHART & SCHMUTZIG

KREUZBERG • *Friedrichstraße 218*
030 25940610 • *nobelhartundschmutzig.com* • *A, €€€*

Das Sternerestaurant von Billy Wagner und Micha Schäfer (oben) ist eine Visitenkarte für Berlin. Neue deutsche Küche in einem ungewöhnlichen Setting auf eine kreative Art & Weise. Unter dem Motto „brutal lokal" wird hier aufgetischt und dabei viel Wert auf regionale und saisonale Produkte und klaren präzisen Geschmack gelegt. Reservieren und an der Tür Klingeln nicht vergessen.

66. MARKTHALLE 9

KREUZBERG • *Eisenbahnstraße 42/43*
markthalleneun.de • €€

Diesen Ort muss man erlebt haben: unterschiedliche Kulturen kochen wunderbare internationale Gerichte! Auch ein Lieblingsort von Billy Wagner, dem Inhaber vom Nobelhart & Schmutzig, zum Einkaufen und selber kochen. Unsere Favoriten sind Bone, Big Stuff Smoked BBQ, Kumpel & Keule, Maro Takoyaki und Kuchen bei Aunt Benny. Am besten unter der Woche zum Lunch oder am Samstagvormittag vorbei kommen.

67. MICHELBERGER

FRIEDRICHSHAIN • Warschauer Straße 39
030 29778590 • michelbergerhotel.com • M/A, €€

Im Innenhof des Hotels Michelberger gelegen findet sich das Restaurant, dass uns immer wieder überrascht. Zu Mittag gibt es stets Suppe & Brot, Salat, Hauptgang und was Süßes für unschlagbare 12 Euro. Alles wird mit möglichst regionalen und saisonalen Produkten zubereitet. Eine klare Empfehlung.

68. FES BBQ

KREUZBERG • *Hasenheide 58*
030 23917778 • fes-turkishbbq.de • A, €€

Ein sehr lebhaftes, türkisches Restaurant, ideal für größere Gruppen. Man grillt selber am Tisch, bestellt verschiedene Meze dazu, stellt sie in die Mitte und jeder kann probieren. Ein wahrer Festschmaus.

69. TULUS LOTREK

KREUZBERG • *Fichtestraße 24*
030 41956687 • tuluslotrek.de • A, €€€

Wäre das Restaurant eine Person, dann wäre sie einem auf Anhieb
sympathisch: Es hat ein freches und charmantes Auftreten, bei dem
man sich wohlfühlt und gerne länger bleibt. Es gibt französische
Küche mit starken Aromen und gutem Wein. Das Sechs-Gänge-Menü kostet 110 EUR, kein á la carte.

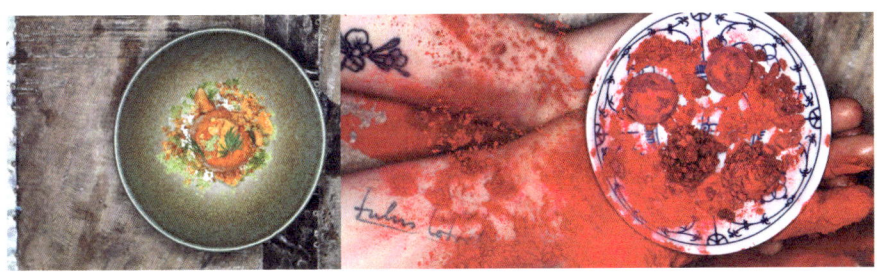

70. KANTINE KOHLMANN

KREUZBERG • *Skalitzer Straße 64*
030 85611133 • *kantine-kohlmann.de* • *M/A, €€€*

Bar und Restaurant mit edlem Interior, schummrigem Licht und dunkelgrünem Leder. Man serviert moderne deutsche Küche mit Twist. Auch die Cocktails sind sehr lecker in der Kantine Kohlmann.

71. ST. BART

KREUZBERG • *Graefestraße 71*
030 40751175 • *stbartpub.com* • *A, €€*

Eine Gastrokneipe im Graefekiez, wie wir sie uns wünschen. Hervorragendes frittiertes Hühnchen, gegrillter Brokkoli und Artischocke, dazu einen Gruß von der Bar.

72. KIMCHI PRINCESS

KREUZBERG • *Skalitzer Straße 36*
0163 4580203 • *kimchiprincess.com* • *M/A, €€*

Let them eat Kimchi! Hier findet man lange Holztische, Neonröhren, laute Musik und brutzelndes koreanisches BBQ. Am besten in größerer Runde zelebrieren.

73. LAVANDERIA VECCHIA

NEUKÖLLN • Flughafenstraße 46
030 62722152 • lavanderiavecchia.de • M/A, €€

Großartiges italienisches Restaurant mit ländlicher, bodenständiger Küche und Liebe zum Detail. Früher eine Wäscherei, lassen heute noch einige Details wie aufgehängte Geschirrtücher darauf schließen. Auch mittags geöffnet.

74. CODA

NEUKÖLLN • Friedelstraße 47
030 91496396 • coda-berlin.com • A, €€€

Berlins ungewöhnlichstes Fine-Dining Konzept. Coda ist eine Dessert-Bar – ja, richtig gelesen. Es gibt Sechs-Gänge Dessert-Menüs mit perfekt abgestimmten Pairing-Drinks, serviert in lässig-modernem Ambiente. Ein Must für alle Foodies.

75. HALLMANN & KLEE

NEUKÖLLN • Bohmische Straße 13
030 23938186 • hallmann-klee.de • M/A, €€

Die beiden Inhaberinnen Sarah Hallmann und Friederike Klee bieten eine äußerst kreative und herrlich leckere Küche. Auch das Frühstück gehört zu den besten in Berlin.

76. DIENER TATTERSALL

CHARLOTTENBURG • *Grolmannstraße 47*
030 8815329 • diener-berlin.de • A, €€

Der Diener ist eine Berliner Institution, die man unbedingt erleben muss. Egal zu welcher Zeit, aber auf jeden Fall drinnen sitzen, die Bildwände bestauenen und die Geschichte zum Restaurant auf der Karte nachlesen! Hier versteht man den Charme und die Geschichte von Charlottenburg ein wenig besser. Unser Favorit: Bulette mit Bratkartoffeln, saurer Gurke und ein Pils.

77. PARIS BAR

CHARLOTTENBURG • *Kantstraße 152*
030 3138052 • parisbar.net • A, €€

Ein legendärer Ort für die Berliner Kunstszene zum gediegenen Feiern und stilvollen Versacken. Gutes Essen in hervorragendem Ambiente. Die Wände voll mit Bildern und Erinnerungen. Der perfekte Abschluss für einen Tag in Charlottenburg.

78. EINSTEIN UNTER DEN LINDEN

MITTE • *Unter den Linden 42*
030 2043632 • einstein-udl.com • M/A, €€

Jeder sollte einmal hier gewesen sein. Vom Brandenburger Tor herüber spazieren, Wiener Schnitzel und Strudel zelebrieren, und den erstklassigen, österreichischen Service erleben. Dabei durch die hohen Fenster den Menschenstrom Unter den Linden beobachten.

79. 893 RYŌTEI

CHARLOTTENBURG • *Kantstraße 135*
030 91703121 • 893ryotei.de • A, €€€

Die Kantstraße ist an sich ein Erlebnis wegen der Vielzahl an sehr
guten, authentischen, kleinen unscheinbaren, aber auch stilvollen
und schicken Restaurants. Das 893 Ryōtei ist dabei ein Highlight.
Duc Ngo ist dessen Inhaber und prägt die Berliner Restaurantszene
auch mit weiteren Kreationen wie dem Madame Ngo, Kuchi oder
Cocolo Ramen. Wir empfehlen die Takos, Yasai Yaki Udon und
Sushi Moriawase.

80. KIN DEE

TIERGARTEN • *Lützowstraße 81*
030 2155294 • kindeeberlin.com • A, €€€

Das ist moderne Thaiküche. Chefköchin Dalad Kambhu lernte die authentischen Rezepte von ihrer Mutter in Bangkok. Wenn man auf der Potsdamer Straße bei Murkudis und Konsorten unterwegs war, ist dies der perfekte Ort für ein schickes Dinner. Besonders zu empfehlen sind die Curries und der Oktopus. Das Menü kostet 45 EUR und beinhaltet 9 Gerichte – auch gern zum Teilen. Aber Vorsicht, authentisch scharf.

Gastgeber Moritz Estermann & Küchenchefin Dalad Kambhu

81. KUCHI

CHARLOTTENBURG • Kantstraße 30
030 31507815 • kuchi.de • M/A, €€

Im Herzen von Charlottenburg liegt das Kuchi. Asiatische Fusions-
küche und ausgezeichnetes sehr vielfältiges und frisches Sushi.
Manche Kulinariker behaupten, es sei das Beste in Berlin.

82. LON MEN'S NOODLE

CHARLOTTENBURG • Kantstraße 33
030 31519678 • M/A, €

Sehr authentisches taiwanesisches Restaurant mit extrem leckeren Suppen und anderen Köstlichkeiten. Sehr zu empfehlen sind auch die Chili Wontons. Hier gibt es richtiges „Soul-Food", das einen durch und durch wärmt und erfreut.

83. UDAGAWA

CHARLOTTENBURG • Kantstraße 118
030 3123014 • M/A, €€

Das beste konzentrierte asiatische Essen findet sich in der Kantstraße in Charlottenburg. Man findet immer was Neues. Dies ist ein Lieblingsort von unserem Local Soulmate Bernd Neff. Hier genießt man Sushi, Gyoza, Ramen.

84. SAIGON GREEN

CHARLOTTENBURG • Kantstraße 23
030 45086342 • M/A, €

Vietnamesisches, sehr frisches Essen zu fairen Preisen. Nicht vom einfachen Äußeren mit gewöhnungsbedürftigem Grün täuschen lassen. Das Essen und die Drinks machen Freude und sind ausgezeichnet!

85. DA JIA LE

SCHÖNEBERG • *Goebenstraße 23*
030 21459745 • dajiale-berlin.de • M/A, €

Wer echtes chinesisches Essen liebt, der ist in diesem authentischen Ort absolut richtig. Die wahrscheinlich beste chinesische Küche in Berlin, unweit vom Park am Gleisdreieck.

86. TIANFUZIUS

SCHÖNEBERG • *Regensburger Straße 1*
030 91539833 • tianfu.de • M/A, €€

Köstliches vegetarisches, chinesisches Essen. Tianfuzius ist wohl der erste vegetarische Chinese in Berlin. Es wird gern mal etwas schärfer und komplett ohne Geschmacksverstärker. Für genau solche Lokale lieben wir die Gastroszene in Berlin.

87. JOSEPH ROTH DIELE

TIERGARTEN • *Potsdamer Straße 75*
030 26369884 • joseph-roth-diele.de • M/A, €

Ein bodenständiges Restaurant mit Geschichte und Seele. Das Essen ist herzlich und einfach, die Atmosphäre ehrlich und aus einer anderen Zeit. Ein wunderbarer Kontrast zu einem mittäglichen Besuch im Concept Store von Andreas Murkudis und den Designern in dessen unmittelbarer Umgebung. Linsen mit Spätzle und Wienerle gibt es für 8 EUR.

BÄCKER

88. The Bread Station
Maybachufer 16

89. SoLuna Brot & Öl
Gneisenaustraße 58

90. Zeit für Brot
Alte Schönhauser Straße 4

91. Bekarei
Dunckerstaße 23

92. Manufacture Délicate
Rykestraße 7

93. Sironi
Eisenbahnstraße 42

PIZZA

55. Standard Pizza
Templiner Straße 7

94. W Pizza
Fuldastraße 31

95. Ammazza che Pizza
Maybachufer 21

96. Vadoli
Kantstraße 55

97. Salami Social Club
Frankfurter Allee 43

TÜRKISCH

98. Imren Grill
Boppstraße 10

99. Doyum Grillhaus
Admiralstraße 36

100. Adana Grillhaus
Manteuffelstraße 86

68. Fes BBQ
Hasenheide 58

101. Güllü Lahmacun
Perleberger Straße 56

102. Osmans Töchter
Pappelallee 15

Top

BURGER

43. Shiso Burger
Auguststraße 29C

51. Ryong
Torstraße 59

103. BBI
Pannierstraße 5

104. Burgermeister
Skalitzer Straße 136

105. The Butcher
Kantstraße 144

106. Burgeramt
Krossener Straße 21–22

MÄRKTE

66. Markthalle Neun
Eisenbahnstraße 42/43

107. Winterfeldtmarkt
Courbièrestraße 13

108. Kollwitzmarkt
Wörther Straße (Samstag)

109. Foodmarket Kulturbrauerei
Schönhauser Allee 38 (Sonntag)

110. Thaipark
Preußenpark (Wochenende)

111. Markt am Maybachufer
*Maybachufer 1–3
(Dienstag & Freitag)*

112. Markt am Karl-August-Platz
*Krumme Straße 23
(Samstag & Mittwoch)*

113. Arminiusmarkthalle
Arminiusstraße 2–4

DELIKATES

114. Blomeyer's Käse
Pestalozzistraße 54a

115. Paper & Tea
Alte Schönhauser Str. 50

116. Viniculture
Grolmanstraße 44–45

117. Original Unverpackt
Wiener Straße 16

118. Vom Einfachen das Gute
Invalidenstraße 155

119. Amore Store
Sanderstraße 12

160. BONANZA ROASTERY
Adalbertstraße 70

6. Cafés & Süßes

Oh ja, wir sind ziemliche Kaffeeliebhaber und von dem schwarzen Gold hat Berlin wirklich einiges zu bieten. Die Cafés sind wieder nach Bezirken geordnet, so dass man seinen Koffeinkick gleich findet. Wir starten mit einer Liste für exzellente Cafés zum Frühstücken. Genuss, Freude und Zurücklehnen ist angesagt.

> *„Wo Kaffee serviert wird, da ist Anmut,*
> *Freundschaft und Fröhlichkeit!"*
> – Ansari Djerzeri Hanball Abd-al-Kadir

MITTE

120. Distrikt Coffee
Bergstraße 68

121. My Goodness
Brunnenstraße 24

122. 19grams
Chausseestraße 36

123. House of Small Wonder
Johannisstraße 20

PRENZLAUER BERG

124. Allan's Breakfast Club
Rykestraße 13

125. The Barn
Schönhauser Allee 8

126. Café Krone
Oderberger Straße 38

127. Suicide Sue
Dunckerstraße 2

128. Betty n' Caty
Knaackstraße 26

129. Meierei
Kollwitzstraße 42

130. Coffee Room
Saarbrücker Straße 30

KREUZBERG

131. Fahrrad Lokal A. Horn
Carl-Herz-Ufer 9

132. Le Bon
Boppstraße 1

133. Chapter One Coffee
Mittenwalder Straße 30

134. Brammibal's Donuts
Maybachufer 8

135. Bastard
Reichenberger Straße 122

Frühstück

NEUKÖLLN	FRIEDRICHSHAIN	WESTEN

75. Hallmann & Klee
Böhmische Straße 13

136. Dots
Weserstraße 191

137. Maison Han
Pannierstraße 40

138. Selig
Herrfurthplatz 14

139. Geist im Glas
Lenaustraße 27
(nur Sa./So. Brunch)

140. Wilke
Boddinstraße 10–11

141. Silo
Gabriel-Max-Straße 4

142. Aunt Benny
Oderstraße 7

143. Neumanns
Gabriel-Max-Straße 18

**144. Wahrhaft
Nahrhaft**
Revaler Straße 16

145. Stilbruch Café
Revaler Straße 9

146. Literaturhaus
Fasanenstraße 23

147. Grosz
Kurfürstendamm 193/194

**148. Café Einstein
Stammhaus**
Kurfürstenstraße 58

**149. A Never Ever Ending
Love Story**
Bleibtreustraße 5

**150. What do you
fancy love?**
Knesebeckstraße 68/69

151. Hope Superfood
Akazienstraße 28

121. MY GOODNESS

MITTE • *Brunnenstraße 24*
mygoodnessberlin.com

Hier findet man leckere und gesunde Frühstückbowls, Energiebälle und Smoothies. Wer möchte, kann vor- oder nachher eine kleine Spinning-Runde im BECYCLE Studio einlegen. Ein Boutique Fitness Studio, wo man oftmals mit Live DJ bei einer Spinning-Einheit trainiert.

120. DISTRIKT COFFEE

MITTE • *Bergstraße 68*
distriktcoffee.de

Hier gibt es super Frühstück mit obligatorischen pochierten Eiern und Avocado Toasts in schönem Interior und stets belebter Stimmung.

123. HOUSE OF SMALL WONDERS

MITTE • *Johannisstraße 20*
houseofsmallwonder.de

Ungewöhnliche Geschmackskombinationen inmitten von Grünpflanzen und hippen Interieur findet man hier. Auch das japanische Frühstück mit Miso-Suppe ist zu empfehlen.

152. FATHER CARPENTER

MITTE • *Münzstraße 21*
fathercarpenter.com

Sehr leckerer Kaffee mit Berliner Hinterhof-Charme und kleinen Snacks. Perfekt für eine wohlverdiente Pause, während man in Mitte bei den trubeligen Hackeschen Höfen ist.

153. COMMONGROUND

MITTE • *Rosenthaler Straße 1*
commongrnd.de

Das beliebte Silo Kaffee aus Friedrichshain hat im Circus Hotel in Mitte einen zweiten Standort aufgemacht. Hier kann man den ganzen Tag Frühstück und Brunch essen und der Kaffee kommt von der eigenen Rösterei.

154. BEN RAHIM

MITTE • *Sophienstraße 7*
benrahim.de

Ein kleiner ausgezeichneter Coffee-Shop versteckt in den Hackeschen Höfen. Man spürt die Liebe zum Kaffee in aller Tiefe und es gibt auch ein paar Sitzgelegenheiten draußen. Top!

155. BARCOMI'S DELI

MITTE • *Sophienstraße 21*
barcomis.de

Das Deli von der netten Amerikanerin Cynthia Barcomi, die für ihre Backwaren bekannt ist. Es liegt schön in den Sophie-Gips-Höfen und bietet auch leckere herzhafte Speisen.

156. THE STORE

MITTE • *Torstraße 1*
thestores.com

Der Name ist Programm. DER Berliner Laden, gelegen im legendären Soho House. Wirklich tolle Kuration an Produkten und perfekt für eine Pause zum Kaffeetrinken in einem der gemütlichen Sofas mit einem Magazin.

121.

152.

121.

155.

123.

156.

124. ALLAN'S BREAKFAST CLUB

PRENZLAUER BERG • *Rykestraße 13*

ABC ist ein großartiges Frühstückslokal, das sogar für die Langschläfer bis zum Nachmittag geöffnet ist. Es gibt auch einige Tische draußen. Ein Gläschen Rosé, Egg Benedict, French Toast oder köstliche Avocado-Lachs-Toasts. Bon Appétit.

157. FRIEDL RÖSTEREI

PRENZLAUER BERG • *Pappelallee 35*
friedlkaffee.de

Die beiden passionierten Inhaber leben ihren Traum und rösten ihren eigenen Kaffee! Hier werden auch selbst Kekse gebacken und der ganze Laden duftet wie ein herrlicher Schokotraum. Bei den Kaffeesorten unbedingt beraten lassen.

125. THE BARN

PRENZLAUER BERG • *Schönhauser Allee 8*
thebarn.de

Die Cafés von The Barn sind natürlich eine Institution, hier ist zudem eine eigene Kaffeerösterei. Sehr hippes Café mit langem Holztresen.

126. CAFÉ KRONE

PRENZLAUER BERG • *Oderberger Str. 38*
krone-berlin.com

In der Oderberger Straße gibt es viele Cafés, aber hier gibt es eines der leckersten Frühstücke! Danach vielleicht noch ein Eis in der Par Creamery oder ein Spaziergang zum Mauerpark.

158. LASS UNS FREUNDE BLEIBEN

PRENZLAUER BERG • *Choriner Straße 12*
ruf-mich-nie-wieder-an.de

Unser liebstes Kiez Café im südlichen Prenzlberg. Der Kaffee ist super, familiäre Stimmung und die Ciabattas mit Mozarella und Basilikum sind unspektakulär, aber einfach top! Wir lieben die Unaufgeregtheit und den Alt-Berliner Charme.

128. BETTY'N CATY

PRENZLAUER BERG • *Knaackstraße 26*
030 44049120

Ein Café-Klassiker im Prenzlauer Berg. Ob zu Kaffee & Kuchen am Nachmittag oder für eine Müslibowl oder Ei mit Avocado zum Frühstück. Einfach draußen sitzen, dem Treiben zuschauen und danach noch hoch auf den Hügel im Park am Wasserturm gehen.

130. COFFEE ROOM

PRENZLAUER BERG • *Saarbrücker Str. 30*
030 48620338 • coffeeroom.berlin

Eines unserer Lieblingscafés, wo wir immer wieder gerne hingehen. Auch süß zum draußen sitzen.

159. GODSHOT

PRENZLAUER BERG • *Immanuelkirchstr. 32*

Ein kleines Nachbarschaftscafé mit exzellentem Kaffee. Wer länger in Berlin ist, der kann hier ein Barista-Seminar machen. Ähnlich guten Kaffee gibts noch im Schädels oder Barista Coffee in der Oderberger Straße.

VINS DU MOIS
SIDES
BEACH
[BRUNCH APERO]
WHITE PEACH BELINI
MIMOSA
KIR ROYAL
BLOODY MARY
CHAMPAGNE
HUGO
GLASS ROSÉ

124.

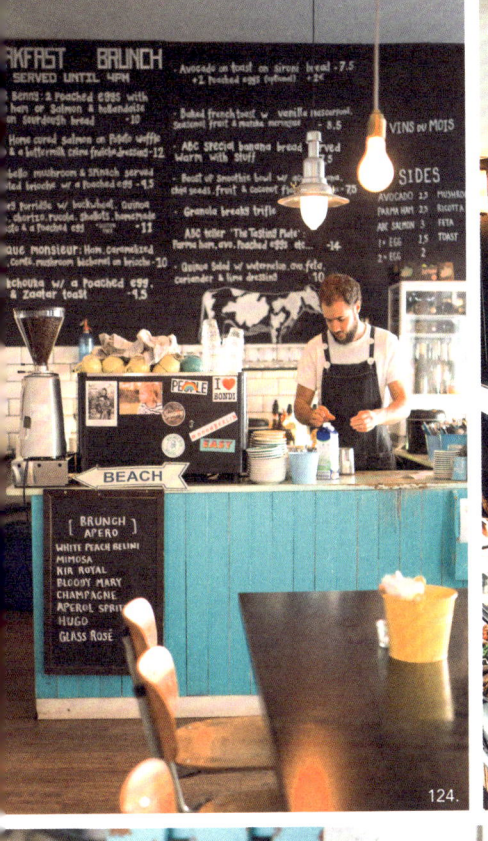

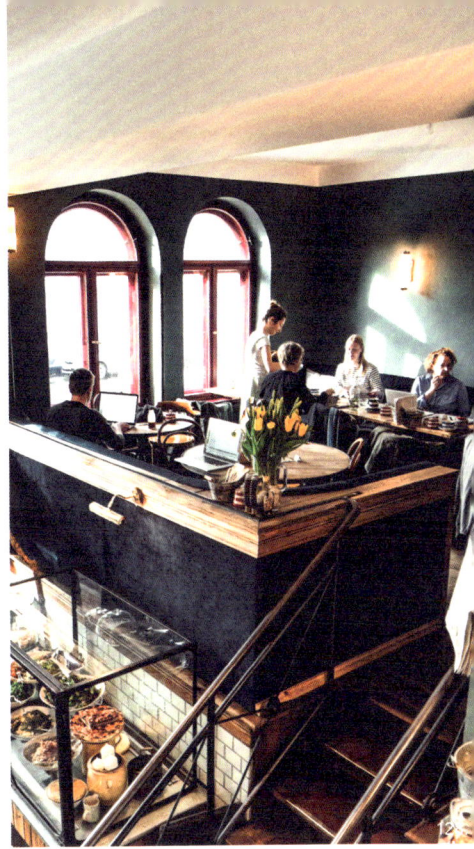

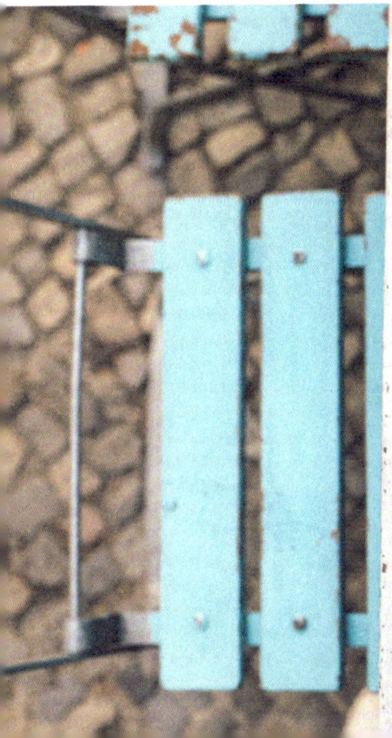

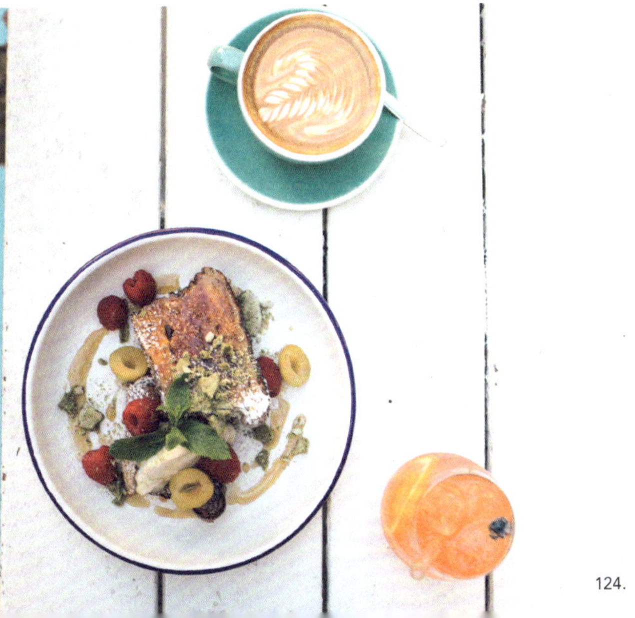

124.

160. BONANZA

KREUZBERG • Adalbertstraße 70
bonanzacoffee.de

Hier wird Kaffee geröstet und zelebriert! Er kommt in allen Formen und Facetten. Manchmal muss man hier etwas länger warten, aber „gut Ding will Weile haben." Im Gegensatz zum Café im Prenzlauer Berg gibt es hier ausreichend Raum und Tische für den ungestörten Kaffeegenuss.

161. BRAVO BRAVKO

KREUZBERG • Lausitzer Straße 47
bravo-bravko.de

Hier gehen wahre Kuchenkünstler zu Werke. Es werden Tartes und Kuchen mit orientalisch-französischen Einschlag kreiert und vor Ort gebacken. Der Laden selbst ist unprätentiös, aber für einen Nachmittag in Kreuzberg ein Muss.

131. FAHRRADLOKAL HORN

KREUZBERG • Carl-Herz-Ufer 9
kaffee-ahorn.de

Ein gemütliches Frühstückslokal direkt am Landwehrkanal in Kreuzberg. Unbedingt das gegrillte Bananenbrot kosten! Danach am besten ein Spaziergang am Maybachufer.

162. HALLESCHES HAUS

KREUZBERG • Tempelhofer Ufer 1
hallescheshaus.com

Eines dieser Berlin-Concept-Store -Cafés, die man unbedingt gesehen

haben muss. Hinterher ist die Wunschliste für die Wohnungseinrichtung um einiges länger. Super auch zum Frühstück oder Lunch.

163. ORA

KREUZBERG • Oranienplatz 14
ora-berlin.de

Das Ora fällt uns als erstes ein, wenn man an ein Café in Kreuzberg denkt. In einer alten Apotheke spürt man den Geist Berlins und das Publikum ist derart durchmischt, dass man einfach Freude hat, hier zu sein.

164. FIVE ELEPHANTS

KREUZBERG • Reichenberger Straße 101
fiveelephant.com

Mittags am Landwehrkanal entlangschlendern und nachmittags hier einen Kaffee von den berühmten Berliner Kaffeeexperten und am besten noch ein Stück dieses grandiosen Käsekuchens probieren. Wir sitzen am liebsten draußen auf dieser typisch Berlinerischen breiten, Baum gesäumten Straße.

165. CAFÉ KIRSCHE

KREUZBERG • Adalbertstraße 23
kaffeekirsche.berlin

Man biegt ums Eck und ist etwas überrascht von dieser sehr coolen und trendigen Kaffeerösterei. Toller Kaffee für zwischendurch oder um nochmal die spannende Ausstellung im benachbarten Kunstraum Bethanien Revue passieren zu lassen.

160.

163.

161.

164.

162.

BONANZA
Adalbertstraße 70

ORA
Oranienplatz 14

140. WILKE

NEUKÖLLN • Boddinstraße 10–11

Hier wird alles mit sehr viel Liebe gemacht. Vom Kaffee, zur Inneneinrichtung
und dem köstlichen Essen. Ein Ausflug
nach Neukölln lohnt sich sehr für Juwelen
wie das Wilke.

166. TWO PLANETS

NEUKÖLLN • Hermannstraße 230
twoplanetsberlin.com

In der Nähe vom Tempelhofer Feld findet
sich dieses kleine, ausgezeichnete Café.
Tolle Smoothies und genauso tolle ungewöhnliche Toasts!

167. OKAY CAFÉ

NEUKÖLLN • Pflügerstraße 68
okay-cafe.com

Junges, hippes und vor allem sehr leckeres
Frühstückslokal. Für jeden Geschmack
etwas dabei, auch vegan. Für danach
empfehlen wir einen Spaziergang zum
Skatepark Weichselstraße, vor allem am
Wochenende kann man hier zuschauen,
wenn die Kinder gegenüber auf dem rie-
sigen Spielplatz toben.

168. KONDITEREI DAMASKUS

NEUKÖLLN • Sonnenallee 93

Wir waren hier das erste Mal zufällig
beim Zuckerfest, also am ersten Tag nach
der Fastenzeit Ramadan. Da waren die
Baklava in allen Farben, Formen und Geschmäckern gestapelt wie im Schlaraffen-
land. Unglaublich lecker, auch an jedem
anderen Tag im Jahr.

141. SILO

FRIEDRICHSHAIN • Gabriel-Max-Straße 4
silo-coffee.com

Direkt am Boxhagener Platz im Herzen Friedrichshains gelegen: Am Silo
kommt man oder darf man eigentlich
nicht vorbei, wenn man in Friedrichshain unterwegs ist. Auch zu empfehlen für ein ausgedehntes Frühstück.

169. FINE BAGELS

FRIEDRICHSHAIN • Warschauer Straße 74
finebagels.com

Der Name ist Programm: leckere
Bagels und dazu gibt es gemütliche
Atmosphäre von der Buchhandlung
nebenan. Für ein kurzes Frühstück bevor es zum schönen Boxhagener Platz
geht! (Jeden Samstag findet hier ein
toller Flohmarkt statt.)

148. EINSTEIN STAMMHAUS

TIERGARTEN • Kurfürstenstraße 58
cafeeinstein.com

Wiener Kaffeehaus-Charme mitten in
Berlin. Wenn wir unsere österreichi-
sche Heimat vermissen, dann zieht es
uns hierher zu Apfelstrudel oder Wiener Schnitzel. Ein wunderbarer Ort
zum Lunch oder Kaffee, lange Zeitung
lesen oder ein gutes Gespräch.

140.

140.

167.

141.

141.

167.

149. NEVER ENDING LOVE ...

CHARLOTTENBURG • Bleibtreustraße 5

Junges Lokal mit großer Liebe zu sehr gutem Frühstück! Oft ziemlich gut besucht, also gleich auf etwas Warten einstellen, aber es lohnt sich. Leckeres Frenchtoast, die besten Pancakes und Toast mit Avocado mit Kirschtomaten. Unbedingt probieren und danach um den Savignyplatz spazieren und im Bücherbogen stöbern.

170. KAME BAKERY

CHARLOTTENBURG • Leibnizstraße 45
kame.berlin

Etwas abseits vom Trubel der Kantstraße und dem malerischen Savignyplatz befindet sich dieses kleine Café mit exzellenten japanischen Gebäckspezialitäten. Der Weg lohnt sich unbedingt, denn das japanische Anpan schmeckt einzigartig gut!

146. LITERATURHAUS

CHARLOTTENBURG • Fasanenstraße 23
literaturhaus-berlin.de

Wir lieben es, hier die Zeit verstreichen zu lassen. Hier kommt die Seele Charlottenburgs herrlich zum Ausdruck. Bei schönem Wetter im grünen Garten oder sonst im romantischen Wintergarten oder im stuckverzierten Hauptraum. Wann und wo auch immer, ein absolutes Muss für einen Besuch in Charlottenburg. Auch eigentlich zu jeder Tageszeit gut.

171. MAITRE MÜNCH

CHARLOTTENBURG • Giesebrechtstr. 16
cafe-maitre-muench.de

Ein echter Geheimtipp mit herrlich Süßem! Vom Käsekuchen über das Erdbeertörtchen bis zum Macaron, alles lecker. Am besten mit einem schönen Galeriebummel durch Charlottenburg verbinden.

172. THE BARN – KRANZLER

CHARLOTTENBURG • Kurfürstendamm 18
thebarn.de

Das Café Kranzler ist schon wegen der Architektur ein Ort, den man gesehen haben muss. Mit bestem Blick über den Kurfürstendamm einen Kaffee der Rösterei-Experten vom The Barn genießen.

147. GROSZ

CHARLOTTENBURG • Kurfürstendamm 193
grosz-berlin.de

Ein richtiges Kaffeehaus der alten Schule. Immer wieder gerne!

173. DOUBLE EYE

SCHÖNEBERG • Akazienstraße 21
doubleeye.de

Ganz besonders gut sind hier die Pastel de Nata.

174. PASAM BAKLAVA

SCHÖNEBERG • Goebenstraße 12A
pasam-baklava.de

Hier gibt es das beste Baklava der Stadt.

149.

172.

149.

146.

172.

180.

Eis

175. CUORE DI VETRO

MITTE

Max-Beer-Straße 33

175.

176. GIORGIO LOMBARDI

MITTE

Weinbergsweg 5

177. PAR CREAMERY

PRENZLAUER BERG

Oderberger Straße 38

178. HOKEY POKEY

PRENZLAUER BERG

Stargarder Straße 72

179. OAK & ICE

PRENZLAUER BERG

Schönhauser Alle 52

180. TRIBECA ICE CREAM

PRENZLAUER BERG

Rykestraße 40

CUCUMBER
TONIC

GRAPEFRUIT
EARL GREY

183.

181. ROSA CANINA

PRENZLAUER BERG

Pasteuerstraße 32

182. CHIPI CHIPI BOMBÓN

FRIEDRICHSHAIN

Warschauer Straße 12

175.

183. JONES ICE CREAM

SCHÖNEBERG

Goltzstraße 3

184. FALDON EIS MANUFAKTUR

CHARLOTTENBURG

Otto-Suhr-Allee 104

185. FRÄULEIN FROST

KREUZBERG

Friedelstraße 39

178.

185.

171. MAITRE MÜNCH

186. KONDITOREI-CAFÉ BUCHWALD

170. KAME BAKERY

174. PASAM BAKLAVA

Kuchen

187. JUBEL

187.

161. BRAVO KUCHENWERKSTATT

KREUZBERG
Lausitzer Straße 47

189. SALKIM BAKLAVA

KREUZBERG
Kottbusser Damm 7

190. MR. MINSCH

KREUZBERG
Yorckstraße 15

188. BARCELLO SALON SUCRE

KREUZBERG
Görlitzer Straße 32A

134. BRAMMIBAL'S DONUTS

KREUZBERG
Maybachufer 8

204. THE CORNER
Französische Straße 40

7. Shops

Eine Auswahl unserer Lieblingsläden in Berlin. Mittlerweile kann Berlin mit den anderen Großstädten absolut mithalten, was Mode anbelangt. Du findest neben den besten Concept Stores noch Mode für Frauen und Männer, Interior und Bücher. Schönes Einkaufen!

„Das Schönste im Leben ist kostenlos.
Das zweitschönste ist ziemlich teuer.“
– Coco Chanel

191. ANDREAS MURKUDIS

SCHÖNEBERG • *Potsdamer Straße 81*
andreasmurkudis.com

Ein wahrer Pionier und Vordenker für Berlin: mit seinem Concept Store hat Andreas Murkudis neue Maßstäbe gesetzt und ein ganzes Viertel zum Leben erweckt. Das Geschäft hat den Charakter eines Museums, das den Zeitgeist unserer Gesellschaft widerspiegelt. Ein absolutes Muss für jeden Berlin-Trip! Vielleicht mit einem Restaurant-Besuch bei Kin Dee verbinden.

192. VOO STORE

KREUZBERG • *Oranienstraße 24*
vooberlin.com

Der Voo Store ist mittlerweile eine Institution in Berlin und zählt schon lange zu den hippsten und coolsten Orten zum Shoppen. Mit Marken wie Acne Studios, AMI, Common Projects, Malaikaraiss und Mykita findet man hier immer etwas für sich oder die Liebsten! Der Kaffee ist auch super.

193. KaDeWe

CHARLOTTENBURG
Tauentzienstraße 21–24

Jede Metropole hat sein Kaufhaus, Berlin hat das Kaufhaus des Westens. Es ist ein Ort mit Seele, der bei jedem schöne Assozia-tionen weckt: Hier findet man alle begehrenswerten Designer und Luxusmarken unter einem ehrwürdigen Dach.

194. THE STORE

MITTE • Torstraße 1
thestores.com

Einer der coolsten Concept Stores in Berlin, den man gesehen haben muss. Einfach mit einem Kaffee im Store verbinden oder direkt nebenan beim Italiener Cecconi's zum Lunch gehen. Die Atmosphäre ist großartig und die Kuration der Produkte für Berlin einmalig. Hier findet jeder Trendsetter das richtige Berlin-Item.

195. BIKINI BERLIN

CHARLOTTENBURG • Budapester Straße 38–50
bikiniberlin.de

Bikini Berlin, gelegen in einem denkmalgeschützten Gebäude, ist eines unserer Lieblingskaufhäuser in Berlin und immer wieder ein (Mit-)Grund in den Westen zu reisen! Am besten in Verbindung mit einem Drink im 25hours Hotel Bikini in der Monkey Bar mit Aussicht über den Berliner Zoo. Auch eine Kleinigkeit bei NENI zu essen ist immer empfehlenswert.

196. FÊTE DE LA BOUTIQUE

MITTE • *Mulackstraße 11*

fetedelaboutique.com

Die beiden Inhaber Feli und Teresa haben in ihrer kleinen Boutique in Mitte eine sehr persönliche Kuration an Fashion, Interior und Schmuck zusammengestellt.

197. DAS NEUE SCHWARZ

MITTE • *Mulackstraße 38*

dasneueschwarz.de

Ein sehr cooler Vintage-Fashion-Laden mit Designern wie Margiela und Comme des Garçons. Immer mal einen Besuch wert, auch für etwas ausgefallenere avantgardistische Sachen.

198. SCHWARZHOGERZEIL

MITTE • *Torstraße 173*

schwarzhogerzeil.de

Sehr schöne puristische Boutique mit einer tollen Auswahl an internationalen Designern wie Isabel Marant, Maison Kitsuné und Cédric Charlier.

199. R.S.V.P.

MITTE • *Mulackstraße 14 & 26*

rsvp-berlin.de

Wir lieben es, in liebevoll sortierten Schreibwarengeschäften zu stöbern und dort Kleinigkeiten für uns oder Freunde zu kaufen. Der Laden hat eine tolle Auswahl an Karten und Notizbüchern.

200. ATELIER OBLIQUE

MITTE • *Prinzessinnenstraße 30*

atelier-oblique.com

Hier werden schöne duftende Kerzen aus Berlin gezogen, mit ansprechendem Design. Sämtliche Duftkerzen werden in liebevoller Handarbeit gefertigt, gegossen und produziert. Zur Entwicklung der hochwertigsten Düfte reiste Mario Lombardo zur Haupt- und Traditionsstadt des Duftes Grasse, wo er gemeinsam mit dem 1850 gegründeten Haus „Robertet" die 26 Buchstaben und das &-Zeichen seiner „Alphabet-Kollektion" komponierte. Die Kerzen eignen sich auch sehr gut als Geschenk.

201. BAERCK

MITTE • *Mulackstraße 12*

baerck.net

Schon seit über 10 Jahren ist das Team hinter Baerck fester Teil der Modeszene in Berlin Mitte. Hier gibt es Damenmode internationaler und lokaler Designer aus Berlin zu entdecken sowie Interior-Produkte aus dem eigenen Label.

202. WALKING THE CAT

MITTE • *Mulackstraße 32*

walkingthecat.de

Ein sehr schöner Kinderladen mit allen gängigen hochwertigen Marken wie Mini Rodini, Bobo Choses, Soft Gallery etc. Kindermode, die man oft auch gerne als Erwachsener für sich hätte.

FÊTE DE LA BOUTIQUE
Mulackstraße 11

203. GARMENTS

MITTE • *Linienstraße 204*

garments-vintage.de

Hier kann man sein neues Lieblingsstück finden. Ausgefallene Vintage Fashion und Designerstücke im mittleren bis hohen Preissegment für Frauen. Ein sehr besonderer Laden. Wer auf Vintage steht, sollte auch beim Cache Coeur in der Schönhauser Allee vorbeischauen.

204. THE CORNER

MITTE • *Französische Str. 40*

thecornerberlin.de

Ein sehr schickes Modegeschäft mit vielen bekannten internationalen Designern. Zum Stöbern immer wieder schön und inspirierend.

205. SABRINA DEHOFF

MITTE • *Auguststraße 26A*

sabrinadehoff.com

Sehr schöne, minimalistisch eingerichtete Boutique. Seit 2006 entwirft die Inhaberin eigene Schmuckkollektionen mit interessanten Geometrien.

206. MYKITA

MITTE • *Rosa-Luxemburg-Straße 6*

mykita.com

Eine großartige Berliner Brillenmanufaktur, die 2003 gegründet wurde und mittlerweile auch international zu den besten gehört. Unbedingt ein paar Modelle probieren, trau dich und wage was Neues!

207. LALA BERLIN

MITTE • *Alte Schönhauser Straße 3*

lalaberlin.com

Leyla Piedayesh ist die Schöpferin hinter dem ausdrucksstarken Berliner Modelabel, welches die Seele der Stadt bunt und verrückt widerspiegelt. Auch die Geschichte der Marke steht für den interkulturellen Reichtum der Hauptstadt. Ein Muss bei jedem Berlin-Besuch.

208. KAVIAR GAUCHE

MITTE • *Linienstraße 44*

kaviargauche.com

Hier habe ich mein Brautkleid gekauft! Wir lieben die wunderschönen Kleider im avantgardistischen Design von unseren Local Soulmates Alexandra Fischer-Roehler und Johanna Kühl.

209. KONK

MITTE • *Kleine Hamburger Straße 15*

konk-berlin.de

Hochwertige Kollektionen von Berliner Designern wie Studio Hammel, Thone Negrón und Tiedeken. Es gibt auch schönen Schmuck und Accessoires. Nebenan ist ein leckerer Eisladen: Manufaktur Eis.

210. ESTHER PERBANDT

MITTE • *Almstadtstraße 3*

estherperbandt.com

Außergewöhnliche, zeitlose Schnitte der Berliner Designerin Esther Perbandt. Unisex tragbar, Trends überdauernd.

FRAUEN

SABRINA DEHOFF
Auguststraße 26A

211. HERR VON EDEN

MITTE • *Alte Schönhauser Straße 14*
herrvoneden.com

Seitdem Chris hier seinen Hochzeitsanzug gekauft hat, sind wir regelmäßig hier. Ein super Ort für neue ausgefallene Lieblingsstücke.

212. BREATHE COSMETICS

MITTE • *Rosa-Luxemburg-Straße 28*
breathe-cosmetics.de

Tolle erlesene Düfte und Pflegeprodukte mit exzellenter Beratung. Wer mal was Neues möchte, ist hier richtig.

213. SUPERCONCIOUS

MITTE • *Weinbergsweg 22*

In 2013 eröffnet, gibt es hier coole Streetwear für Männer. Danach den Weinbergsweg entlangspazieren und eine Pause im Rosengarten genießen.

214. A.D. DEERTZ

MITTE • *Torstraße 106*

Tolles Männermodegeschäft seit über 15 Jahren mit einer spannenden Geschichte. Die Designerin Wiebke Deertz liebt das Reisen und entwickelt ganze Kollektionen in unterschiedlichen Destinationen. Das findet Ausdruck in Schnitt und Textilien.

215. OVERKILL

KREUZBERG • *Köpenicker Straße 195A*
overkillshop.com

Super Sneakerstore.

216. HERRLICH

KREUZBERG • *Bergmannstraße 2*
+49 30 30881945

Außergewöhnlicher Laden mit Accessoires und Geschenken für den Mann. Modelle von Flugzeugen und Autos, Taschenmesser, Taschenlampen, etc.

217. STEREOKI

FRIEDRICHSHAIN • *Gabriel-Max-Str. 18*
stereoki.com

Erst ein Frühstück im Silo Café und dann Shopping im Stereoki. Internationale Brands für Männermode in allen Bereichen, auch Schuhe, Accessoires und Taschen.

218. FRANK LEDER

CHARLOTTENBURG • *Kantstraße 139*

Dies ist ein toller Männermodeladen an der Kantstraße. Mit coolen und avantgardistisch wirkenden Outfits. Wenn man schon mal auf der Kantstraße ist, dann einen kleinen Snack bei Lon Men Noodleshop (Nudelsuppe), Saigon Green (Vietnamesisch) oder Udagawa (Sushi) holen.

219. CHELSEA FARMERS CLUB

CHARLOTTENBURG • *Schlüterstraße 49*
chelseafarmersclub.de

Smokings, Rasiercreme und Gin. Hier findet man alles, was den britischen Lebensstil ausmacht. Hier würden wir jeden Mann hinschicken, der uns am Herzen liegt. Ein Geheimtipp der Extraklasse.

MÄNNER

FRANK LEDER
Kantstraße 139

220. PARKHAUS

CHARLOTTENBURG • *Kantstraße 112*
parkhausberlin.de

Schon 2002 hat Anja Witte-Krieger das Parkhaus eröffnet und führt es heute mit Anne Karp. Ursprünglich eine Manufaktur für edle Sitzkissen, eröffneten sie 2012 den dazugehörigen Interieur-Laden.

221. TING

PRENZLAUER BERG • *Rykestraße 41*
ting-shop.com

Nur die allerschönsten Dinge aus dem nahen Norden in Skandinavien und dem Fernen Osten in Asien. Super für Geschenke für Freunde.

222. SÜPER STORE

KREUZBERG • *Dieffenbachstraße 12*
sueper-store.de

Die Designerin Elisabeth Schotte gründete 2011 mit der Schweizer Künstlerin Vanessa Marangoni diese kleine, feine Boutique. Hier findet man eine sehr persönliche und kuratierte Sammlung von schönen Dingen.

223. BERBERLIN

KREUZBERG • *Gneisenaustraße 66*
berberlin.com

Hier gibt es wunderschöne Berber Teppiche aus Marokko und Tunesien. Klassisch, aber eben auch intensive bunte Variationen. Nur samstags geöffnet.

224. RUG STAR

MITTE • *Rosa-Luxemburg-Straße 27*
rugstar.com

Jürgen Dahlmann setzt mit Rug Star immer wieder neue Teppich-Trends. Der Shop in der Linienstraße inspiriert für das eigene Zuhause.

225. HALLESCHES HAUS

KREUZBERG • *Tempelhofer Ufer 1*
hallescheshaus.com

Ein Lunch Café und Interieur-Institution, das man in Berlin erlebt haben muss. Tolle Atmosphäre, rote Backsteinwände, hohe Decken und größzügige Flächen zum Bummeln zwischen Haushaltswaren, Accessoires und Einrichtungsgegenständen.

226. NANDI

PRENZLAUER BERG • *Dunckerstraße 11*
nandistore.com

Sehr schön gelegen, am idyllischen Helmholtzplatz, findet sich einer unserer Lieblingsläden, wenn wir Geschenke für unsere Freunde suchen. Fair gehandelt und farbenfroh!

227. HOUSE OF DOTCITY

KREUZBERG • *Graefestraße 2*
house-of-dotcity.com

Wenn man im Graefekiez unterwegs ist, lohnt sich ein Besuch in Dotcity. Schöne Dinge aus Europa und aus dem eigenen Haus.

INTERIO

HALLESCHES HAUS
Tempelhofer Ufer 1

228. DUSSMANN

MITTE • Friedrichstraße 90

kulturkaufhaus.de

Das Kulturkaufhaus, „wo alle große Augen machen." Auf 5 Etagen und über 7.300 qm findet man hier alles für Buchliebhaber. Besonders sind auch die Öffnungszeiten. Von morgens bis Mitternacht kann hier geschmökert, gelesen, geredet und gekauft werden.

229. DO YOU READ ME?!

MITTE • Auguststraße 28

doyoureadme.de

Wenn wir mit unseren Kindern zu Shiso Burger in Mitte gehen, landen wir oft danach hier im Buchladen mit der Wand voll mit Magazinen zum Stöbern.

230. OCELOT

MITTE • Brunnenstraße 181

ocelot.de

Eine unserer geheimen Berliner Lieblingsbuchhandlungen. Durchdachte, schöne Buchauswahl und super Kaffee. Die Stimmung ist so schön, dass man schnell 1–2 Stunden hier verbringt.

231. PRO QM

MITTE • Almstadtstraße 48

pro-qm.de

Die Lieblingsbuchhandlung von unserem Local Soulmate Bernd Neff. Es ist eine thematische Fachbuchhandlung, die die vielseitigen politischen, musikalischen und künstlerischen Interessen der Inhaber widerspiegelt.

232. SODA

MITTE • Weinbergsweg 1

sodabooks.com

Soda Books ist immer eine Pause wert. Tolle Auswahl an internationalen Magazinen und Designbüchern.

233. WALTHER KÖNIG

MITTE • Burgstraße 27

Hier findet man alles zum Thema Kunstwissenschaft, Architektur, Kunst, Design, Mode, Fotografie, Film und Kunstgeschichte.

234. HUNDT HAMMER STEIN

MITTE • Alte Schönhauser Straße 23

hundthammerstein.de

Hier gibt es sehr gut sortierte, handverlesene Literatur. Die Mitarbeiter beraten gerne und gut.

235. SHAKESPEARE & SONS

FRIEDRICHSHAIN • Warschauer Straße 71

shakespeareandsons.com

Ursprünglich wurde Shakespeare & Sons in Prag gegründet. In dieser gemütlichen Berliner Filiale gehört das leckere Fine Bagels Café mit dazu.

236. BÜCHERBOGEN

CHARLOTTENBURG • Stadtbahnbogen 593

buecherbogen.com

Der Bücherbogen liegt herrlich zentral am Savignyplatz und wenn man Charlottenburg erkundet, kommt man hier immer wieder vorbei. Sehr nette Beratung und traumhafte Bildbände.

BÜCHER

PRO QM
Almstadtstraße 48

8. Bars & Clubs

Berlin ist eine der weltweiten Partyhauptstädte schlechthin. Wild, ekstatisch, bis in die frühen Morgenstunden und darüber hinaus. Anbei einige unserer liebsten Bars und Clubs. Am besten aber online auf aktuellen Seiten nachschauen, was gerade abgeht. Frohes Tanzen.

„Die Nächte lehren viel, was die Tage
niemals wissen …"

– aus Persien

249.

240.

MONTRAW

Bars

254.

253.

254.

240.

259.

25ε

Clubs

256. CLÄRCHENS BALLHAUS
MITTE
Auguststraße 24

257. KIT KAT
MITTE
Köpenicker Straße 76

258. CLUB DER VISIONÄRE
KREUZBERG
Am Flutgraben

259. PRINCE CHARLES
KREUZBERG
Prinzenstraße 85f

260. RITTER BUTZKE
KREUZBERG
Ritterstraße 26

250.

264.

261. ZUR WILDEN RENATE

FRIEDRICHSHAIN
Alt-Stralau 70

262. BERGHAIN / PANORAMA BAR

FRIEDRICHSHAIN
Am Wriezener Bahnhof

263. ELSE

TREPTOW
An den Treptowers 10

264. FUNKHAUS

RUMMELSBURG
Nalepastraße 18

265. SISYPHOS

RUMMELSBURG
Hauptstraße 15

266. JACKIE O

RUMMELSBURG
Köpenicker
Chaussee 1–4

GEHT AUCH IMMER

9. Hotels

Wir lieben gute Hotels mit Seele. Einzigartige Orte und die Geschichten, die dort geschrieben werden. Wir lieben passionierte Gastgeber, die wissen, was dem Gast Freude bereitet. Kontraste sind ebenso willkommen wie Herzlichkeit. Vom kleinen, versteckten, rustikalen Hide-Away bis hin zum weiträumigen, noblen, luxuriösen Stadthotel. Eine Auswahl unserer Berlin Lieblinge findest du auf den folgenden Seiten.

„Der Schlaf ist doch die köstlichste Erfindung …"
Heinrich Heine

267. GORKI APARTMENTS

MITTE • *Weinbergsweg 25*
030 48496480 • gorkiapartments.com • €€€

Die Gorki Apartments fühlen sich an wie ein Zuhause mitten in Berlin. Man schreitet durch das Eingangstor mit Kronleuchter und wird freundlich-familiär empfangen. Unbedingt den Conciergeservice per WhatsApp ausprobieren! Die Zimmer sind sehr individuell und geschmackvoll eingerichtet. Unser Favorit ist natürlich das Penthouse, aber jedes Zimmer bietet tolle Details wie freistehende Badewannen, wunderschöne Fliesen und vollständig ausgestattete Küchen.

268. DAS STUE

TIERGARTEN • *Drakestraße 1*
030 3117220 • das-stue.com • €€€

In der ehemaligen dänischen Botschaft befindet sich das eindrucksvolle Hotel mit einer modernen skandinavischen Ästhetik und spanischen Akzenten. Es lohnt ein Gang durch das großzügige lichtdurchflutete Treppenhaus, um die Kunstobjekte und kleinen Bibliotheken zu entdecken, aber auch für einen herrlichen Blick auf den Tiergarten, der zum morgendlichen Laufen einlädt. Die Bar, das Restaurant und der Spa-Bereich sind weitere Highlights.

„Ich hab noch einen Koffer in Berlin, deswegen muss ich nächstens wieder hin."

– Marlene Dietrich

Gorki Apartments
Mitte, Weinbergsweg 25

269. PENSION FUNK

CHARLOTTENBURG • *Fasanenstraße 69*
030 8827193 • hotel-pensionfunk.de • €

Wie schön, dass es die Pension Funk gibt! Und zwar in direkter Nähe zum Kurfürstendamm. Hier spürt man die Geschichte und die Seele des Ortes. Hier lebte einst Stummfilmdiva Asta Nielsen, bis die Schwestern Funk das Apartment in eine Pension umwandelten, die auch für Fotoshootings von Kate Moss und Claudia Schiffer genutzt wurde. Die Möbel und Tapeten aus Gründerzeit und Jugendstil versetzen den Gast in eine andere Zeit.

270. MICHELBERGER

FRIEDRICHSHAIN • *Warschauer Straße 39–40*
030 29778590 • michelbergerhotel.com • €€

Das junge und sehr persönliche Hotel ist ein Highlight mit viel Berliner Charme! Ursprünglich entstanden ist das Konzept aus der Idee, einen Begegnungsort für Freunde zu schaffen. Eröffnet in 2009, ist das Michelberger viel mehr als nur ein Hotel, sondern Kreativ Studio, Musik- und Szene-Treff, Bar und Restaurant. Das Restaurant ist übrigens zu jeder Tageszeit sehr zu empfehlen.

271. HOTEL AM STEINPLATZ

CHARLOTTENBURG • *Steinplatz 4*
030 5544440 • hotelsteinplatz.com • €€

Das Hotel am Steinplatz wurde 2013 neu eröffnet und spiegelt in herrlicher Weise den Charakter Charlottenburgs wider. Viele Wandlungen hat das elegante Gebäude bereits vollzogen: von der Künstlerbar zum Grand Hotel, über ein Seniorenheim bis zum heutigen Luxushotel mit Spa über den Dächern Berlins und exquisiter Bar. Ein luxuriöser Ort, um Charlottenburg in Gänze zu genießen.

272. P. HELLMANN SCHLOSSHOTEL

GRUNEWALD • Brahmsstraße 10
030 8958430 • schlosshotelberlin.com • €€€

Das Schlosshotel fühlt sich im ruhigen Grunewald ein bisschen wie ein Hide-Away an und liegt trotzdem in Reichweite der pulsierenden Stadt. Das Schloss wurde von Designer Patrick Hellmann vollständig renoviert und ist ein verführerisches luxuriöses Erlebnis. Es verfügt über einen großzügigen Spa-Bereich, eine Zigarrenlounge, eigene Tenissplätze und diesen ganz eigenen Status und das Flair eines Stadtschlosses.

283. Adlon
Mitte, Unter den Linden 77, €€€

„Ich bin ein Berliner."

– John F. Kennedy

273. GARDEN LIVING

MITTE • *Invalidenstraße 101*
030 284455900 • gardenliving.de • €€

Mehr ein Zuhause als ein Hotel. Die grüne Oase im Innenhof mit dem romantischen Wintergarten lässt kaum erahnen, dass man sich mitten in Berlin direkt gegenüber vom Naturkundemuseum befindet. Die 28 Zimmer sind besonders schön wegen des Holzdielenfußbodens, den edlen Tapeten, den großformatigen Gemälden und schließlich den traumhaften Himmelbetten.

274. MODERN HOUSEBOAT

RUMMELSBURG
0163 737 2509 • modernhouseboat.com • €€

Eine einzigartige und unvergessliche Art in Berlin zu nächtigen:
Mitten auf der Spree in der Rummelsburger Bucht kann man hier
mit bis zu vier Personen vor Anker liegen. Die Stadt fühlt sich ewig
weit weg an und doch scheint der Alex fast zum Greifen nah, denn
die City ist nur 15 Minuten entfernt. Das Hausboot ist in reduzier-
tem, fuktionalem Design gestaltet und vollständig ausgestattet.

275. HOTEL DE ROME

MITTE • *Behrenstraße 37*
030 4606090 • roccofortehotels.com • €€€

Zwischen Gendarmenmarkt und Unter den Linden liegt das luxuriöse Hotel mit Geschichte und Persönlichkeit (ehemals eine Bank). Es besitzt einen 20m langen Swimming Pool und bietet auf der Dachterrasse einen atemberaubenden Blick über Berlin. Am Morgen darf man sich auf ein herrliches reiches Frühstück im Restaurant La Banca freuen. Am Abend empfehlen wir einen Spaziergang zum Brandenburger Tor, um das besondere Flair zu spüren.

276. 25HOURS BIKINI

CHARLOTTENBURG • *Budapester Straße 40*
030 1202210 • *25hours-hotels.com* • *€€*

Das junge und lebenslustige Hotel am Kurfürstendamm mit Blick über den Tiergarten ist zu einer Institution in Berlin geworden. Die Rooftopbar ist großartig, das NENI Restaurant ist sowohl zum Frühstück als auch zum Lunch oder Dinner hervorragend (reservieren!) und das Hotel macht einfach viel Freude, weil es überraschende, liebevolle Details zu entdecken und erleben gibt. Auch toll mit Kindern! Am meisten gefällt uns die Sauna mit Blick über den Zoo.

277. LINNEN B&B

PRENZLAUER BERG • Eberswalder Straße 35
030 47372440 • linnenberlin.com • €€

Ein toller Ort mitten im Prenzlauer Berg. Es gibt Apartments, Zimmer und ein Studio zur Auswahl, alle sehr geräumig und modern, aber eben in einem authentischen Berliner Altbau-Setting. Mit Liebe zum Detail in klassischer Manier eingerichtet und perfekt, um den Prenzlauer Berg und Mitte zu erkunden.

278. MINILOFTS

MITTE • Hessische Straße 5
030 8471090 • miniloft.com • €€

Die Apartments sind sehr großzügig und bei dieser Deckenhöhe findet sich wohl in Berlin kaum etwas Vergleichbares! Das Architektenehepaar hat hier mit viel Gespür gearbeitet. Man findet seine Ruhe, um ein paar Tage länger in der Stadt zu bleiben, zumal die Apartments auch mit Küchenzeile und Essbereich ausgestattet sind.

279. ACKSELHAUS

PRENZLAUER BERG • Belforter Straße 21
030 44337633 • ackselhaus.de • €€

Ein wunderschöner Rückzugsort im schönen Prenzlauer Berg. Die Zimmer sind sehr individuell und kontrastreich vom Inhaber selbst eingerichtet. Es finden sich Möbel aus Indonesien ebenso wie Lofts mit Industriedesign. Auch der Wintergarten lädt ein zu entspannen und die Fische im Teich zu beobachten.

280. RIO MARIE

HANSAVIERTEL • *Altonaer Straße 10*

030 88668780 • *roombergs.de* • *€€*

Die einmalige Möglichkeit für Architek-
tur-Fans in einem tatsächlichen Oscar-
Niemeyer-Haus zu übernachten! Das Set-
ting ist original wie aus den 50er-Jahren
mit authentischen Möbeln und modernen
Accesoires. Ein offener Wohnbereich mit
Kochmöglichkeit und zwei Bädern. Viel
Spaß beim Eintauchen!

281. TAUTES HEIM

HUFEISENSIEDLUNG

030 897860 • *tautes-heim.de* • *€€*

Eine Perle für Architekturliebhaber in
der als UNESCO-Kulturerbe ausgezeichneten Hufeisensiedlung. Das Haus mit
Garten wurde authentisch renoviert und
ermöglicht eine Zeitreise in die 20er-Jah-
re. Bei schönem Wetter unbedingt die
Hängematte zwischen den Apfelbäumen
aufhängen! Im Berliner Süden gelegen,
erreicht man in 15 Minuten Kreuzberg.

282. SUITE. 030

KREUZBERG • *Dessauer Straße 7*

030 220 119 270 • *suite030.com* • *€€€*

Wer länger als nur ein paar schöne Tage
in Berlin bleibt, für den lohnt sich ein
Blick bei Suite. 030. Hier gibt es eine
exzellente Kollektion an luxuriösen Ap-
partments. Vom Designstudio bis zum
Luxusloft mit Dachterrasse finden sich
hier wahre Schätze! Die Mindestaufent-
haltsdauer variiert von einer Woche bis
zu einem Monat.

GEHT IMMER:

The Stue

Tiergarten, Drakestraße 1

10. Besondere Lieblingsorte

Rausfahren aus der Stadt ins Grüne, zu einem der unzähligen Seen, ein Wochenende in einem der schönen Hide-Aways verbringen, auf eine Brücke oder einen Berg mit Aussicht. Einatmen. Ausatmen. Zur Ruhe kommen. Mit den Kindern auf den Spielplatz oder auf einem Flohmarkt neue Schätze finden. Sich was Gutes tun. In die Sauna gehen. All das Besondere findest du auf den nächsten Seiten.

„Gib jedem Tag die Chance,
der schönste deines Lebens zu werden."

BRÜCKEN

Museumsinsel
MITTE

Schwedter Steg
PRENZLAUER BERG

Swinemünder Brücke
PRENZLAUER BERG

Admiral Brücke
KREUZBERG

Modersohn Brücke
FRIEDRICHSHAIN

Oberbaumbrücke
FRIEDRICHSHAIN

STRASSEN+PLÄTZE

Mulack-, Gips-, Auguststr.
MITTE

Oderberger-, Chorinerstr.
PRENZLAUER BERG

Helmholtz-, Arkonaplatz
PRENZLAUER BERG

Landwehrkanal
KREUZBERG

Boxhagener Platz
FRIEDRICHSHAIN

Kantstraße
CHARLOTTENBURG

Tempelhofer Feld
SCHÖNEBERG

FLOHMÄRKTE

Mauerpark Flohmarkt
PRENZLAUER BERG
(Sonntag)

Flohmarkt Arkonaplatz
PRENZLAUER BERG
(Sonntag)

Antikmarkt Ostbahnhof
FRIEDRICHSHAIN
(Sonntag)

Trödelmarkt Boxhagener Pl.
FRIEDRICHSHAIN
(Sonntag)

Nowkoelln Flohmarkt
NEUKÖLLN
(jeden 2. Sonntag)

**Flohmarkt Straße
des 17. Juni**
TIERGARTEN
(Samstag & Sonntag)

SEEN

HIDE-AWAYS

AUSSICHTEN

SEEN	HIDE-AWAYS	AUSSICHTEN
Stechlinsee	Elisabeth am See	Fernsehturm
NORDEN	*Krughof 50, 14548 Schwielowsee*	*MITTE*
Liepnitzsee	Refugium am See	Berliner Dom
NORDEN	*Gutzmannstraße 9, 15755 Teupitz*	*MITTE*
Plötzensee	Villa Honigpumpe	Reichstag
ZENTRAL, NORD-WEST	*Bertolt Brecht Straße 37, Buckow*	*MITTE*
Tegeler See	Das Sternhagener Haus	House of Weekend
NORD-WEST	*Pinnower Weg 4, Nordwestuckermark*	*MITTE*
Weißensee	Kavaliershaus	Zionskirche
ZENTRAL, NORD-OST	*Hofstraße 12, 17209 Flmcken*	*PRENZLAUER BERG*
Flakensee	Ahoi Insl	Flakturm Humboldthain
OSTEN	*Seestraße 118, 16866 Kyritz*	*PRENZLAUER BERG*
Krumme Lanke	Gutshaus Lexow	Viktoriapark
SÜD-WEST	*Dorfstraße 29 - 30, 17209 Lexow*	*KREUZBERG*
Sacrower See	New Haus	Klunkerkranich
SÜD-WEST	*Zwischen d.Kiefern 18, 18347 Dierhagen*	*NEUKÖLLN*
Wannsee	Re:hof Rutenberg	Volkspark F Hain
SÜD-WEST	*Dorfstraße 23, 17279 Lychen*	*FRIEDRICHSHAIN*
Schlachtensee	Forsthaus Strelitz	Funkturm
SÜD-WEST	*Berliner Chaussee 1, 17235 Neustrelitz*	*CHARLOTTENBURG*
Tonsee		Teufelsberg
SÜD-OST		*WESTEN*

SPIELPLÄTZE

Weinbergsplatz
MITTE

Teutoburger Platz
PRENZLAUER BERG

Helmholtzplatz
PRENZLAUER BERG

Park am Gleisdreieck
KREUZBERG

Weichselpark
NEUKÖLLN

Volkspark Friedrichs-
hain: Flusslauf
FRIEDRICHSHAIN

Drachenspielplatz
FRIEDRICHSHAIN

Waldspielplatz Plänterwald
TREPTOW

KINDERCAFÉS

Kiezkind am Helmholtzplatz
PRENZLAUER BERG

Wunderhaus
PRENZLAUER BERG

Café Kreuzzwerg
KREUZBERG

Amitola
FRIEDRICHSHAIN

Emma & Paul
SCHÖNEBERG

Familiencafé Lütte
SCHÖNEBERG

Kinderbauernhof
Pinke-Panke
PANKOW

WELLNESS

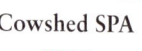

Cowshed SPA
MITTE

Haut & Sein
MITTE

MDC
PRENZLAUER BERG

Nickerchen
KREUZBERG

Liquidrom
KREUZBERG
(wenn nicht zu voll)

Ryoko
NEUKÖLLN

Kiezsauna Friedrichshain
FRIEDRICHSHAIN

Vabali
MOABIT

GEHT IMMER:
Gartenakademie
Westen, Altensteinstraße 15A

Park am Gleisdreieck

Kreuzberg, Möckernstraße 26

WEITERE RECHERCHE:

BLOGS

Nectar & Pulse
> *nectarandpulse.com*
Mit Vergnügen
> *mitvergnuegen.com*
Zitty
> *zitty.de*
Berlin Foodstories
> *berlinfoodstories.com*
Cee Cee Berlin
> *ceecee.cc*
Stil in Berlin
> *stilinberlin.de*

TOUREN

Berliner Unterwelten
Berlin on Bike Tours & Rentals
Essenstour Berliner Foodstories
Berlin Kultour
Route 44 durch Neukölln
New Berlin Tours (gratis)
Berlin mit dem 100er Bus

THEATER & KINO

berlin-buehnen.de
deutschestheater.de
berlin.de/kultur-und-tickets/
lichtblick-kino.org
yorck.de/kinos
astor-filmlounge.de
zoopalast-berlin.de

INSTAGRAM ACCOUNTS

@visitberlin
@mitvergnuegen
@berlinstagram
@vansofberlin
@berlinicklicbedir
@berlinstyle
@bcrlinpage
@berlinerpost
@wonderlust.berlin
@diestadtberlin

DANKE,

für's Kaufen, Lesen, Sich-Inspirieren-Lassen, Reisen und Entdecken mit diesem Reiseführer. Er wurde mit sehr viel Feldforschung, Liebe und Freude gestaltet.

Seit 2010 haben wir es uns mit NECTAR & PULSE zur Aufgabe gemacht, die schönsten Orte dieser Welt zu finden und mit neugierigen, reiselustigen und gleichgesinnten Menschen zu teilen. Aus dieser jahrelangen Recherche und Liebe zum Reisen ist eine große Schatzkiste aus Restaurants, Cafés, Shops, Hotels, Museen, Galerien, Seen, Bars und inspirierenden Local Soulmates entstanden. All diese Schätze findest du in unseren Guides.

Auf unserer Website kann man sich zusätzlich Tipps von Local Soulmates downloaden und nach und nach produzieren wir mehr Guides gemeinsam mit der Süddeutsche Zeitung Edition. Unter anderem gibt es die Glücklich in ... Reihe bereits für Berlin, London und bald Paris, Schweden, Toskana und Island. Bei Fragen oder Anmerkungen schreib uns gerne.

Eine erfüllte Reise wünschen

Tanja & Christian

Mehr auf
NECTAR & PULSE - nectarandpulse.com
Süddeutsche Zeitung Edition - SZ-Shop.de

Instagram
@nectarandpulse
@the.rooses

Kontakt
hello@nectarandpulse.com

Das Leben ist eine Reise.